それでも選挙に行く理由

Why Bother with Elections?

アダム・プシェヴォスキ
粕谷祐子・山田安珠 訳
Adam Przeworski

白水社

それでも選挙に行く理由

目次

凡例

一、本書は、Adam Przeworski, *Why Bother with Elections?*（Cambridge: Polity Press, 2018）の全訳である。

一、訳文中の（　）、［　］、——は原著者によるものである。ただし、（　）については、一部、原文から取り外して訳出した箇所がある。

一、原文中の引用符（クォーテーション）は「　」で括り、大文字で記された文字についても「　」で括った箇所がある。

一、原文中で強調のためイタリック体で記された箇所には、原則として傍点を付した。

一、訳者による補足は、〔　〕で括って挿入した。また、説明注が必要と思われる箇所には＊〔1〕というかたちで全章を通して番号を付し、原注のあとに続けて掲載した。

一、読みやすさを考慮し、訳者の判断で数カ所、段落途中での改行をおこなった。

一、原著は、本文中で（Dahl and Lindblom 1953: 41）といった引用文献方式が採用されているが、日本語版では該当箇所に（1）というかたちで章ごとに通し番号を付けて抜き出し、原注とあわせて巻末にまとめて掲載した。

一、原著で引用されている文献のうち既訳のあるものは、わかる範囲で書誌情報を併記した。また、訳出にあたっては可能なかぎり既訳を参照したが、訳文については必ずしもそれに拠らない。

一、原著の明らかな間違いや体裁の不統一については、一部は原著者に確認したが、訳者の判断で整理した箇所もある。

一、図については、二点を除いて元となったデータセットを原著者より提供してもらい、それにもとづいて訳者のほうで作成し直した。

一、原著には索引が付されていないが、読者の便宜を図り、訳者のほうで新たに作成した。

日本語版によせて

本書は、ドナルド・トランプ大統領の任期中に書き終えたものだ。最終章の最後の段落を書く際には、私は、彼が政権を取ったことの影響がどれほどひどいものになるかと考えていた。結果は、私や他の人が予想していたよりもずっとひどいものになった。

本書における私の主張は、選挙の最大の価値は、社会のあらゆる対立を暴力に頼ることなく、自由と平和のうちに処理する点にあるというものだ。しかし、選挙がこのような効力を持つのにはいくつかの条件が揃っていなければならない。もっとも重要な条件とは、現職やその支持者が選挙で負けることに大した意味合いがないこと、つまり、選挙の「賭け金」が高すぎないことである。また、経済的に発展し、過去に平和的に政権交代がおこなわれた経験のある社会では、選挙は対立を平和裡に処理できることを歴史のパターンは示している。このような観点では、アメリカは世界でもっとも先進的な国のひとつであり、多くの平和的な政権交代を経験してきた国でもある。実際、現職が敗れた場合の選挙が平和的であるかどうかを予測する統計モデルを適用した場合、アメリカのような国で暴動が発生する確率は数百万分の一である。だが、二〇二〇年の選挙後に起こった国会議事堂襲撃事件は、この分析枠組みの間違いを意味するのだろうか、それともアメリカが例外的なのだろうか。

アメリカには、自国が例外的な国であると主張する長い伝統がある。また、例外的であることも事実である。アメリカは、大統領制の国のうちで、大統領選挙が間接的におこなわれる世界で唯一の国である。大統領への投票をおこなう選挙人の数は州の人口に比例しないため、一般投票では勝っていない大統領が選出されることがある。直近では、このような例は二〇〇〇年に、そして二〇一六年にはとくに大きな票差で発生した。アメリカは、国政選挙のルールが地方の管轄ごとに異なる世界で唯一の国でもある。くわえて、私の知る限り、誰が選挙に勝ったかを決めるルールが明瞭・明確でない唯一の国である。

さらに、選挙の当選者を民間組織が宣言しているのは、私の知る限りアメリカだけである。一八四八年以来、当選者の発表は、新聞社や放送局の協同組合であるAP通信がおこなってきた。また近年では、民放テレビ局が選挙の結果をいち早く伝えることで、AP通信に対抗しようとしている。これらの発表は、公式の結果発表に数週間先行しておこなわれる。慣例では、民間メディアが勝者を予想し、その発表にもとづいて敗者が譲歩を宣言し、勝者と予測された候補者は翌年一月二〇日に就任するまで「次期大統領」として認識されるというものであった。

アメリカにおけるこのシステムは、二二〇年の間ほとんど大きな問題なく機能してきた。一八〇〇年以降、現職が大統領選挙で敗北し、勝者が平和裡に就任した事例は二二件あった。現職の最初の敗北は一八〇〇年に起こり、国は内戦の危機に瀕したが、トーマス・ジェファーソンが無事に就任した。一八七六年にも深刻な危機が発生したが、妥協により平和的に解決された。その次の危機は二〇〇〇年に起こった。数百枚の穴あけ式投票用紙に開けられた穴から有権者の意図を汲み取れるかどうかが勝敗を左右し、最終的に勝者となった人物の父親によって任命された判事を含む最高裁が決定権を握った選挙である。だが、最高裁が敗者とした候補は判決を尊重し、議会が正式に勝者を宣言する前に譲歩した。それゆえ、二〇二〇年の選挙後に起こった大騒動は、選挙をおこなうルールだけが問題だったわけではない。

二〇二〇年選挙の手続きが崩壊した理由は、選挙の「賭け金」が例外的に高かったからだ。競合する政党や候補者にとっての問題は、選挙で「負けるか」だけではなく、「何を失うか」でもある。与野党それぞれの支持者が失うものや、政府内の役職者の負けのコストが高すぎる場合、暴力をともなってでも、現職は権力を維持しようとし、野党は権力を握ろうとするだろう。

アメリカ社会が深刻に分極化していることは、いまでは定説となっている。しかし、分極化については、二つの側面に分けて考える必要がある。第一は、中絶、移民、税制などの重要争点についてどの程度立場が異なるかである。第二の側面は、意見の合わない人たちをどのように認識し、どう対応したいと考えているのか、である。私は、第二の側面のほうがより深刻であると思う。アメリカや他のいくつかの民主主義国において台頭している新しい問題は、特定の争点についての意見の不一致ではなく、異なるグループ間の敵意である。この敵意は社会の深部、家庭の領域にまで浸透している。それゆえ、大統領が反対派を「国民の敵」や「国の裏切り者」と呼ぶとき、大統領は彼の支持者の感情に熱烈に訴えかけているのである。

今回の選挙で賭けられていたものは、どちらの陣営にとっても大きかった。人びとは深く分断され、分断は党派的忠誠心にもとづいており、両者のあいだには敵意という高い壁がある。メディアのインタビューを受けた人の多くは、その支持政党を問わず、今回の選挙を「人生でもっとも重要なもの」と語っていた。しかし、重要な選挙とは危険なものであり、トランプ支持者のなかには武装した民兵を組織している者もいる。また、選挙での敗北は、トランプとその信奉者たちにとっての個人的な危機を意味していた。複数の新聞社が明らかにした財務書類によれば、トランプは、さまざまな融資を求める際の宣誓書で資産を偽るなど、刑事訴追の対象となる複数の行為をおこなっていた可能性がある。トランプが二〇一六年にはヒラリー・クリントンを「投獄しろ」と訴え、二〇二〇年にはジョー・バイデンを起訴すべきだと繰り返し指摘していたからといって、バイデンが退任する大統領への刑事訴追を望んでいるとは考えにくい。しかし、州検察官のなかには、刑事捜査の継続を主張する者もいるかもしれない。さらに、先述の財務書類によれば、トランプは債権者が誰なのか正確には誰も知らない多くの借金を抱えているため、退任後は財政的に困窮する可能性がある。そのうえ、トランプ政権下での官僚の多くが犯罪捜査の対象となっており、そうでない者でも政界の外で実入りのいい仕事を見つけるのは難しいだろう。要するに、二〇二〇年選挙で個人的に賭けられていたものは並外れて高かったのだ。

そうであるなら、今回の選挙がこれまでの伝統的な規範や慣例的行動への期待をすべて覆したのも不思議ではない。すべての予想は打ち砕かれた。アメリカの民主制度の根幹である議会を暴徒が襲うとは、誰が予想しただろうか。新大統領の就任式が、四万人の兵士に守られ、ほとんど無観衆でおこなわれると誰が想像しただろうか。結局はバイデンが大統領に就任したので、この結果をアメリカの民主制度の勝利とみなしたくなる。だが、このような結果になったのは、共和党の一部の選挙管理者が結果改竄の圧力に屈せず、司法省の一部の中堅幹部がクーデタといえるような事態への協力を断っただけのことである。アメリカの制度は、一部の人びとの市民的義務感のおかげで救われた。しかし、もしこれらの人びとに義務感や勇気がなく、当時まだ在任中の大統領からの圧力に従おうとしたなら、何が起こりえただろうか。「制度は、誰が運用するかに関係なく同じように機能する場合、強いものといえる」。これはジェイムズ・マディソンの見立てである。これを踏まえると、今回の結果を制度の勝利とみなすことは難しい。

では、今回のアメリカでの失態は、選挙に関してわれわれに何を教えてくれるのだろうか。私は、この事例が本書の分析を損なうものだとは思わない。とはいえ、いくつかの先進民主主義国における社会的分断の根深さに、われわれは注意を払うべきだろう。激化する党派的な敵愾心の原因を特定するのは、容易ではない。私の最新の著書『民主主義の危機』[1]では、いくつかの可能性のある原因を挙げている。しかしながら、私を悲観的にさせるのは、今回の選挙に限らず、どの選挙も、社会の深刻な分裂を修復するとは考えにくいことである。

二〇二一年二月一八日

アダム・プシェヴォスキ

はじめに

本書は、社会において誰がどのように統治するかを決定する方法、つまり、選挙について私たちが現在得ている集合的な理解をまとめたものである。これにあたり、私自身の研究をもとにしている部分もあるが、大部分は他の研究者による研究成果を参照している。しかし、一般読者向けの出版であるという性質上、論点や事実の出所をすべて記載するという学術論文の作法は踏襲していない。直接引用している箇所については出典を示しているが、それ以外の論点等の出所については割愛した。したがって、本書において匿名で示されている論点の提唱者だと認識するであろう同業者に対しては、謝罪しておかなければならない。

ここでの「集合的な理解」とは、選挙の研究者がすべてにおいて同じ意見を持っているという意味ではない。本書では、異なる視点や意見が存在することや、研究者のあいだでいまだに論争となっている点についても記載してはいるが、それでも、なかには同意できない内容もあるだろう。このため読者は、自らの意見を形成すべく、本書を批判的に読んでいただきたい。

草稿を準備する段階でコメントをくれた、ジョン・ダン、ロベルト・ガルガレラ、フェルナンド・リモンギ、チャオティエン・ルオ（罗兆天）、ベルナール・マニン、パスクアーレ・パスキノ、ルーベン・ルイス＝ルフィーノ、および、三人の匿名の査読者に感謝する。

第1章　序　論

　私たちは、選挙を通じて政府を選ぶ。政党が政策の争点や候補者を示し、私たちは投票し、選挙制度に従って票がカウントされ、勝者は公職につき、敗者は負けを認める。ときにはこのように機能しないこともあるが、ほとんどがこのプロセスを辿る。選挙で勝った政党は、数年のあいだ政権の舵取りをし、その後、同じ政党を再選させるか、あるいは別のものに代えるかどうかを決める機会がくる。多くの人はこの一連の流れを当然のことと考えている。

　しかし、よく考えてみると、選挙は不思議なものである。典型的な選挙では、有権者の約半数は敗れた候補に投票している。過半数の得票を得て当選する大統領はめったにおらず、また多党制のもとでの議会選挙では、最大政党の得票が四〇％を超えることはめったにない。さらに、多くの人は当選した政治家に期待を裏切られている。要するに、私たちのほとんどは、選挙の結果、あるいは、自分が票を投じた政治家の仕事に失望しているといえる。しかし、選挙の後ではいつも、支持する候補が次の選挙では勝って期待を裏切らない働きをしてくれる、と期待する。期待と失望、失望と期待の繰り返し。何かが変だ。唯一の似たような設定として私が思いつくのは、スポーツだ。私の応援するサッカーチームのアーセナルは、イングランドのプレミアリーグで長年チャンピオンになっていないが、新しいシーズンが来るたびに私は勝利を期待する。私たちは、人生に関する多くのことがらについては過去の経験をもとに期待値を調整しているが、選挙についてはそうではない。選挙には、あらがえない魅力がある。これは非合理的なのだろうか。

統治者を選ぶメカニズムとしての選挙には価値があるのかどうかが、最近論争になっている。民主主義国の多くでは、選挙は「特権階級」、「エリート」、または、スペインのポデモス党がいう「世襲上流階級（カースト）」の支配を永続させるだけだと多くの人が感じている。また一方で、「ポピュリスト」政党や、排外主義や人種差別を掲げる政党が台頭していることを脅威と感じている人も多くいる。このような展開は、社会の深い分裂、つまり「分極化」を引き起こしており、何人もの専門家がこれを「民主主義の危機」として、または少なくとも選挙そのものに対する人びとの不満の表われと解釈している。最近の世論調査によると、民主的に統治されている国に住むことは「本質的に重要」ではないと答える人が以前よりも多くなっており、とくに若年層にそれが顕著である。これらの結果を、民主主義が危機に瀕している裏づけであると主張する専門家もいる(1)。

しかし、ドナルド・トランプの当選や、ヨーロッパにおける反エリート政党の台頭は、何ら「非民主的」ではない。また、イギリスのＥＵ離脱やイタリアの憲法改革などの、国民投票の結果を非民主的だと主張することは、私にはさらに奇異に感じられる。なぜなら、国民投票は「直接民主主義」の手段であり、代議制民主主義よりも優れているとみなす人もいるからだ。さらに、一部の政治勢力を非難するにあたって「ファシスト」のラベルを不用意に用いるのも適切ではない。一九三〇年代のファシスト政党とは異なり、これらの政党は政権の座につく者を、選挙以外の方法で選ぶことを主張してはいないからである。ほとんどの人は人種差別と排外主義を狭量であるとみなすので、これらの政党を狭量であるとのラベルを貼ることは可能であろう。しかし、これらの政党は、エリートが奪った権力を「人びと」に取り戻す、つまり、民主主義を強化するというスローガンのもとで選挙キャンペーンを展開している。トランプ陣営の言葉を借りれば、「私たちの運動とは、腐敗して機能不全を起こしているエリート政治を、あなた、つまりアメリカ人がコントロールする新しい政治に置き換えることなのだ」[2]。また、マリーヌ・ル・ペンは、ＥＵ離脱に関する国民投票の実施を約束した際に、「あなた、つまり、人びとが決める」のだと述べた。これらの政治家は、反民主主義者ではない。さらに、「強力な」または「有能で効果的な」政府を望む人びとが最近の世論調査結果で増えていることをもって、一部の専門家は民主主義に対する支持が低下していると解釈しているが、このこと自体は反民主的ではない。ヨーゼフ・シュンペーターが有能な政府による統治を望んでいたことは、周知の事実である[3]。民主主義を擁護する人びとがなぜこのように考えないのか、私には理解できない。

選挙の結果に対する不満と、集団的意思決定のメカニズムとしての選挙そのものに対する不満とは、同じではない。たしかに、負ける側になるのは不愉快なものだ。民主主義への満足度は、敗者ではなく勝者に投票した人のほうが高いことは、研究により判明している。さらに、勝者に投票した人のほうが、選挙における複数の選択肢の存在を高く評価している。しかし、二〇〇一年から二〇〇六年までのあいだに三八カ国でおこなわれた四〇の世論調査の分析結果からわかっているのは、選挙で人びとがもっとも重視するのは、たとえ負ける側に終わったとしても、自らの意見を代表する政党に投票できることである。(4)「特権階級」に反対する人びとにとって不満なのは、どの政党も彼らを代表していないことや、政権交代があっても生活には何ら変化がないことである。つまり、選挙が何も変えないということである。しかし、大多数の人は、選挙の結果が気に入らなくても、選挙のメカニズムそのものには価値を見いだしている。

誰がどのように統治するかを選択する方法として選挙を評価すべきであるとは、どのようなことなのだろうか。選挙の長所、短所、限界とは何だろうか。本書の目的は、これらの問いに答えることである。それにあたっては、できるだけ現実に即して、その欠点もあわせて選挙を分析し、私たちの生活に与える影響のうち重要なものに焦点を絞る。選挙に対する一般的な批判、たとえば、選びたい選択肢が提供されていない、個人の投票は選挙の結果を変える効果がないといったものは、集団的決定のメカニズムである選挙に対する誤った理解であることを本書では説明する。人びとが異なる関心と価値観を持っている社会では、選挙を通じて合理性や「正義」を求めるのは無意味である。統治の状況に対する不満を最小限に抑えるよう私たちから政府に働きかけることが選挙の機能である、と私は考えている。政府がこれらの働きかけに「応答性」をもって従うかどうか、また、そうしない政府を排除するのに選挙が役立つか、つまり私たちが「アカウンタビリティ」を行使できるかどうかは、より疑わしい。政府は選挙において有権者の審判を受けることにはなるが、能力がない場合でも責任逃れできる余地が大きいからである。また、選挙は、経済的不平等を改善する効果を持つと長年にわたって期待されてきた。しかし、人口のごく一部が生産性の高い財を保有すると同時に市場が所得を不平等に分配する社会、すなわち「資本主義〔社会〕」においては、このような期待は望みが薄いだろう。選挙の最大の価値とは、少なくともいくつかの条件が揃えば、社会で紛争が起こった場合にある程度の自由をともなって平和裡にそれを解決でき、暴力による紛争の解決を防ぐことである。私にとっては、これだけで選挙を大切なものだと思うに十分な価値である。

これは、「チャーチル的」なミニマリストの考え方である。選挙が清廉ではないこと、「公正」では決してないこと、社会が直面する問題に対して無力な場合もあることを認める見方である。そして、選挙が実施されるようになった際にもたれていた、また一部の人がいまだに抱いている理想を実現するのはほぼ無理であることを認める見方でもある。しかし、統治する者を選ぶにあたり、選挙よりもましな方法はないと私は考えている。すべての人の政治参加が個々人にとって効果的なものになるような政治システムはない。政府を市民の完璧な代理人にできる政治システムはない。現代において、多くの人びとが満足できる程度の経済的平等を実現し、それを維持できる政治システムはない。そして、社会的秩序の維持と私権の保護を両立することは容易ではないが、民主主義以外の政治システムでは、その両立はさらに困難である。それがいかなる形や方法であっても、政治が社会を変えるには限界がある。これは、揺るぎない事実である。どんな政治システムでも達成できないことを選挙が達成できないからと選挙を批判しないために、これらの点を知っておくことは重要だと私は考える。しかし、このことは現状に甘んじようという意味ではない。問題の所在を理解することは、私たちの注意をこれらの問題に向けるのに役立ち、実現可能な改革の方向性を明らかにする。問題がどこにあるのかを正確に特定することは簡単ではないし、また既得権益に妨害されて多くの場合改革が実現しないことも理解している。しかし、限界と可能性の両方を知ることは行動への有用な手引きであろう。結局のところ選挙とは、ある程度平等で、知識があり、自由な人びとが、それぞれのビジョン、価値観、利益に従って、社会をより良いものにするため平和裡に闘うことを可能にする枠組みにすぎないのである。

選挙に関して、何が良いのか悪いのか、または重要ではないのかを考えるとき、まずでてくる疑問は、「何と比較してか」というものである。伝統的には、支配者の地位は世襲で決まった。現代中国では支配者が支配者を選ぶ。また、選挙がありながらも実際には人びとを抑圧することで統治者がその地位についている場合も、世界ではいまだに多く存在する。支配者を選ぶ方法は、さまざまに異なる条件のもとで運用されているので、観察できる世界だけを分析していては、歴史的な条件の影響と、選択方法そのものの影響とを区別できない。適切な比較をおこなうためには、反実仮想的な考え方を導入する必要がある。もし選挙で政府が選ばれなかったとしたら、アメリカはどのような国になっていただろうか。また、中国の政府が選挙で選ばれていたら、どのような国になっていただろうか。このような、観察された状況と反実仮想的状況との比較はよくおこなわれるが、あまりに多くの仮定にもとづいているため、議論の余地が多くありすぎて明確な結論に至らないことが多い。私はこの思考方法に頼りすぎることはしないが、それでもこの思考方法からいえることは、選挙を含むあらゆる政治制度は、所得、宗教、民族、その他のさまざまな要因で分断された固有の社会において運用されており、また、選挙で選ばれていてもいなくても、すべての政府は制約を抱えているということである。

本書で私が主に考察したいのは、選挙が競合的である場合、いいかえると、選挙が実際に政府を選択する機会になっていて、有権者がもしそう望めば現職ではなく新人を当選させることができる場合における選挙の効果である。したがって、ここで分析しているのは「民主的な」選挙のもたらす影響であり、その他のタイプの支配者の選び方、たとえば現職が勝つことが約束されている選挙や、選挙以外の方法ではない(5)。しかし、この問題に答えるには、選挙が競合的なものになる条件とはどのようなものか、そして、なぜ政権の座にある支配者が選挙という自らの権力を危険にさらすようなことをするのかを、理解する必要がある。

競合的な選挙、すなわち、有権者の過半数が望んだときに現職が負ける選挙は、人類の歴史においては非常に短い期間しか存在していない。クーデタと内戦という武力の行使による権限獲得のほうが長い歴史をもち、また貧しい国では依然としてそれが起こっている。一七八八年から二〇〇八年の期間、選挙で政府が代わったのは五四四回、クーデタで代わったのは五七七回であった。選挙で政府を選択するという理念そのものはごく最近のものであり、定着しているとはまだいえない。歴史上初めてすべての成年男子が選挙権を持って任期付きの代表を選ぶ国政レベルの選挙が実施されたのは、一七八八年であった。歴史上初めて選挙で政権交代が実現したのは一八〇一年であった。どちらもアメリカでの出来事である。それ以降、世界では約三〇〇〇回の国政レベルの選挙が実施されている。しかし、現職が選挙で負けることは近年になるまで稀であり、平和な政府の交代はさらに稀であった。現職が負けるのは五回に一回であり、平和な政権交代の頻度はさらに低い。それでも、二〇〇八年の時点で、中国とロシアの二つの大国を含む六八カ国では、選挙の結果として政権交代が起こったことはない。

したがって、投票することが選択の存在を意味しているわけではない。「選挙」と呼ばれる行為が実施されているという事実だけで、人びとが統治者を選択できるわけではない。実際、一部のそうした行為、つまり一党体制での選挙は、何があっても現政権を倒すことは無理だということを潜在的な反対勢力に対して示し、選択よりも威圧を目的としている。また別の場合では、選挙は複数の政党により争われているかもしれないが、競合的ではない。これらの国では、野党の存在は合法だが、与党の地位を脅かすことはないようになっている。しかし、選挙が選択の場になっていない場合でも、選挙に効果がないわけでも重要でないわけでもない。そのような選挙を単なる「お飾り」とみなす人びとは、ロシアなど一部の国では統治者がそのような「お飾り」を非常に気にかけているのに対し、サウジアラビアなどではまったく気にも止めないのはなぜかを考える必要がある。競合的でない選挙をおこなうこと自体が政治的戦略だが、これは、権力の源泉は人民にあるという理想にもとづいて、人びとは自ら選択した政府によって統治される権利を持つという規範を追認している。このような規範を認めながらも、実際にはそれに違反することは、薄氷を踏むようなものである。したがって、選挙が競合的でない場合でも、あらゆる選挙に共通するひとつの特徴は、すべての支配者を緊張させることである。さらに、競合的でない選挙であっても、支配者が市民をどの程度コントロールしているのかが選挙を通じてわかるので、クーデタを企てる反対派の試みは失敗するであろうことを明白にし、結果的に武力紛争を減らすことにつながる。

なぜ選挙が、競合的にならない場合があるのだろうか。その第一の理由は、選挙の敗北は不愉快であるだけでなく、エリートたちにとって危険だからである。政治的代表は選挙によって決めるべきであるという考えが否定しがたいものとなってからでさえ、代議制の創始者たちは選挙で政治的権利が平等に行使されることで、彼らの財産が奪われるのではないかと恐れた。政治的決定に影響を与えられる権利を誰もが平等に有し、そして、国民の大多数が貧しければ、大多数の人は金持ちの財産没収に賛成する政党へ投票するであろうと、彼らは考えた。代議制のシステムは、大衆の参加に対する恐れを抱えながら生まれたのである。どの国の場合でも、「創始者」の抱えていた悩ましい問題は、貧しい人びとから金持ちを守りながら金持ちのための政府を代議制のもとでどうつくるかであったという理解は、それほど間違っていないだろう。

この理想と現実のギャップは、二〇〇〇年前からこんにちまで続く紛争の構図を規定した。その構図とは、金持ちの財産を多数派による支配から守るための一連の障壁をひとつひとつ取り除いていくというものである。具体的には、野党の抑圧、任命制の上院、任命議員による拒否権の行使、被選挙権および選挙権に対する制限、秘密でない投票、代理投票などの撤廃のための闘いであった。さらに、これらの障壁が解体されるとこんどは、選挙の結果選ばれた政治家が富裕層の財産に切り込めないようにするための新しい防壁が建てられた。たとえば、非選出である裁判官の裁量で法律に実効性を持たせるかどうかを決められるようにしたり、非選出の機関である中央銀行に金融政策を委ねたりしたことである。このように、財産と権力の関係は、過去二〇〇年間の政治的闘争の軸であり、またその結果は時期や国により異なっていることから、この問題を一気に解決することはできない。

第二の理由は、選挙は特権階級に対して脅威であるだけでなく、権力者個人にとっても脅威となるからである。だからこそ、彼らはあらゆる手段を使って選挙の敗北を回避している。選挙における重要な問題は、負けるかどうかだけでなく、負けたら何を失うのかという点である。現職が敗北したときに失うものが、命や自由、あるいは財産だけの場合だったとしても、負けるリスクは許容しがたいほどに高くなる。ウラジーミル・プーチン大統領の立場になってみてほしい。ロシアの野党は彼を選挙で敗北させたいだけでなく、彼を破滅させたいのである。野党は、彼が法律を破り、不正蓄財をし、チェチェン戦争を激化させる口実としてモスクワのビルを爆撃した、と非難している。プーチンが負けるとしたら、彼に良いことが起こるとは予測できないだろう。したがって、多くの統治者は、彼らが「選挙」と呼ぶ儀式をおこなっているが、選挙に負けないようあらゆる手を尽くしている。現職が敗北の可能性に身をさらすような選挙が可能なのは、野党が支配者になったときも次の選挙では同様に危険に身をさらすだろうと現職が考える場合にのみ可能である。負けは常に嫌なものだが、次の選挙で捲土重来を果たすまでの間の身の安全が保証されるのであれば、このリスクは許容できる。

要するに、現職が敗北の危険に身をさらしているという意味での競合的選挙が可能になるのは、選挙の結果失うものがそれほどひどくない場合である。いいかえると、賭けの対象は次の数年間政権の座に誰がつくのかであり、それによってその政権に投票した人びとの利益になる政策が実施されても、野党側にまわった人びとが死守したい利益や価値が脅かされない状況である。選挙が真に競合的である場合、選挙は、誰がどのように統治するかを私たちが決定するためのメカニズムとなる。また、選挙が定期的に繰り返されていれば、統治のあり方に対する不満を表明する機会を私たちに与える。しかし、一部の人に富が集まり、市場が不平等に富を分配し、政党や政治家は自らの地位を守ることに心血を注いでいるという現実を前に、私たちは選挙に対し何を期待できるのだろうか。この問題を理解するため、本書の第Ⅰ部ではまず、政府を選挙で選ぶという理念そのものがどう生まれたのか、多数派支配と富裕層の財産保護とのあいだの積年の矛盾、現職が権力維持のために活用する手段が歴史的にどう発展してきたのか考察する。ここでの目的は、国ごとに異なる形で展開してきた選挙の特徴を、選挙に固有のメカニズムと区別することである。つぎに第Ⅱ部では、選挙が真に競合的である場合にはどのような効果を持つのかを、私たちの生活にとって重要ないくつかの側面を例にとって解説する。結論部分では、選挙と民主主義の関係について検討する。

第Ⅰ部　選挙の機能

第2章　政府を選ぶということ

なぜ選挙なのか

選挙とは、近代になってからの現象である。人類の歴史のなかでは長らく、支配する権利に対して被支配者からの承認は必要とされていなかった。支配の権利は、当然の秩序、あるいは、何か至高の権威の意志によって与えられている、自然なものと考えられていた。一つのまとまりとしての「人民」が自らを統治すべきであるという思想は、アメリカとフランスで起こった二つの革命の結果として、一八世紀末になってようやく受け入れられるようになった。一七六二年にジャン＝ジャック・ルソーが提起したように、解かれるべき難問は、「所属する人びととその財産を守る一方で、その構成員それぞれが、それまでと同じように自由でありながら集団に従う結社のあり方を見つける」ことだった。[1] これに対する答えが、「人民による統治」である。人民による統治は、自由を保つ最良のシステムであることから、望ましいものであった。自分たちが選んだ法律によってのみ縛られているとき、われわれは自由である。このことが「自治」における権力の源泉であり、また魅力なのである。

しかし、全員が統治者になることは不可能である。政治には支配する者とされる者があり、支配は必然的に強制をともなう。支配者は、一部の人民から金銭を奪い、それを他の者に与えることができる。人びとに予防接種を強要することも、牢獄へ閉じ込めることもできる。一部の野蛮な国では、命を奪うことさえできる。ここで難問にぶつかる。支配者による強制がある一方で、私たちはどのようにして自由でいられるのだろうか。その答えが、選挙によって支配者を選ぶというものだ。彼らは私たちの代表となりうる。なぜなら、そうさせるために私たちが彼らを選んだのだから。

イギリス国王は、王であるというだけで国家を代表した。フランスでは、ルイ一六世はフランス「国民」の王になることに頑なに抵抗した。彼は神からのみ信託を受けたフランスの王であり、それ以外の人びとの意志は関係がなかったからである。君主とは、人民の代表でも代理人でもなかった。アメリカの独立前夜の時点でもまだ、「選挙は代表に付随するものであり、代表の源泉であるとは考えられていなかった。代表者と、代表者に代弁される人びととのあいだの相互利益が、代表の適切な基準であった」[2]。

代表には「相互利益」があればよいという見方は、消滅していない。カール・シュミットは影響力のある二〇世紀ドイツの政治哲学者であるが、彼は、支配者がすべての人の共通の利益のために行動する限り、どのように選ばれたかにかかわらず、人びとへの支配は維持されると主張した。彼によれば、人びとによる支配を語源とする民主主義の「本質」は、「支配者と被支配者、政府と統治される者、命令する者と従う者の一致」であって、選挙ではない[3]。だがこの見方は、支配者にとって、自らが操作・抑圧・投獄・殺害した者と自分とが「同一である」と主張する余地を与える。これはたとえば、「ロシアの政治システムは、形式ではなくその本質において、非常に民主主義的な西洋の民主主義国と何も変わることがない」といった詭弁を認めることになる[4]。つまり、支配する者とされる者の一体感が「本質」であり、選挙を含む具体的な制度は「形式」にすぎないという見解である。

しかし、代議制を確立した人びとは、選挙こそが支配者と被支配者の利益と価値観の一致を保証するはずだと考えていた。アメリカでは、一七八〇年代にはすでに、選挙が代表することの唯一の基準となっていた。憲法制定会議のメンバーであるジェイムズ・ウィルソンは、「代表する権利は選挙という行為によって与えられる」と述べた。一方、革命期のフランスでは、国王の持つ議会に対する拒否権が議論の的だった。問題は、選挙で選ばれていない国王が国民の代表となりえるかどうかだった。フランス革命を推進した思想家、アベ・シェイエスは、次のような、選挙を重視する代表観をとった。「法となりうる共通の意志の形成を、任期をともなう形で国民が選んだ者以外に委任できるかどうかを問うべきである。それができないことは明らかだ[5]」。二年後にこの見解は優勢となる。ロベスピエールの言葉を借りれば、「選挙がなければ、代表はいない」。

選挙で選ばれた者だけを国民の代表とみなす原則は、革命的だった。誰もがこの解決策に満足していたわけではない。よく知られるように、ルソーはこの原則を自ら望んで奴隷になる制度とみなしていた。とはいえ、統治権が選挙だけにもとづくものになるまでに、そう時間はかからなかった。代表と選挙の関係は、国民が権力の唯一の源泉であるなら国民に対するいかなる権力の行使も国民が承認しなければならない、という原則に根ざしていたからである。人びとは、自分たちにとって何が最善であるかを判断することに長けていないかもしれない。つまり、「代表が語る公共の声は、民衆が招集されて語った場合の声よりも、公共の利益に合致しているかもしれない」のである(6)。しかし、人びとを代表して統治するということは、人びとの要請を尊重して奉仕しなければならないことを意味した。

選挙による権威の付与という原則に権威剝奪の可能性も含まれているかどうかには、論争がある。主張のひとつは、選挙が理性と美徳に優れた者に権威ある地位をもたらす場合、これらの人びとの行動に対する事後コントロールの必要はないだろうというものだった。さらにいえば、政府は他のメカニズム、すなわち三権分立によっても制御されている。しかし、選挙で選ばれた代表が権力を乱用したり、「政治貴族」に変わったりしないと誰もが確信していたわけではなかった。アメリカ合衆国憲法批准に反対した勢力は、「権力を行使する者が人びとに対して紐帯を感じていないときには、お決まりのように、腐敗と専制政治が横行するだろう。これは、王や貴族、司教だけでなく、選挙で選ばれた代表者にも当てはまるだろう」という危機感を持っていた。だが、選挙が定期的におこなわれるというその事実はまさに、権威の付与は一時的で、撤回される可能性があり、条件付きであることを意味していた。

選挙は次善の策である。私たちは、自ら支配することはできないが、支配する者を共同で決定することはできる。さらに、もし私たちが支配者を気に入らなければ、彼らをその地位から追い出すことで定期的に意思表示ができる。たしかに、個人としては他人の意志に屈しなければならない。多種多様な選好が存在することを考えれば、一定期間気に入らない政府のもとで暮らさざるをえない人びとは少なくない。しかし、選挙という手続きを通じて政府を選ぶという集合的行為は、人民の意志による決定を統治上の究極の決定とみなす信念と、十分に親和的である。私たちは、強制されなければ平和裡に共存できないので、強制されることに同意しているが、これは、誰がどのように強制力を行使すべきかを私たちが決められるからだ。人びとが自由であるのは、自ら支配者を選べるからである。

選挙の広がり

選挙というアイディアが歴史の地平線に現れるや否や、それは瞬く間に広まった。一七八八年には、新たに建国されたアメリカ合衆国で初の全国レベルの議会選挙があった。革命期フランスや、わずかな期間存在していたバタヴィア共和国（オランダ）では、一八〇〇年以前に選挙をおこなった。一八〇九年にはスペイン帝国が最高中央評議会選挙を実現し、一八一四年にはノルウェーが、一八二〇年にはポルトガルが、一八二三年には新たに独立したギリシャ、一八三一年にベルギーとルクセンブル

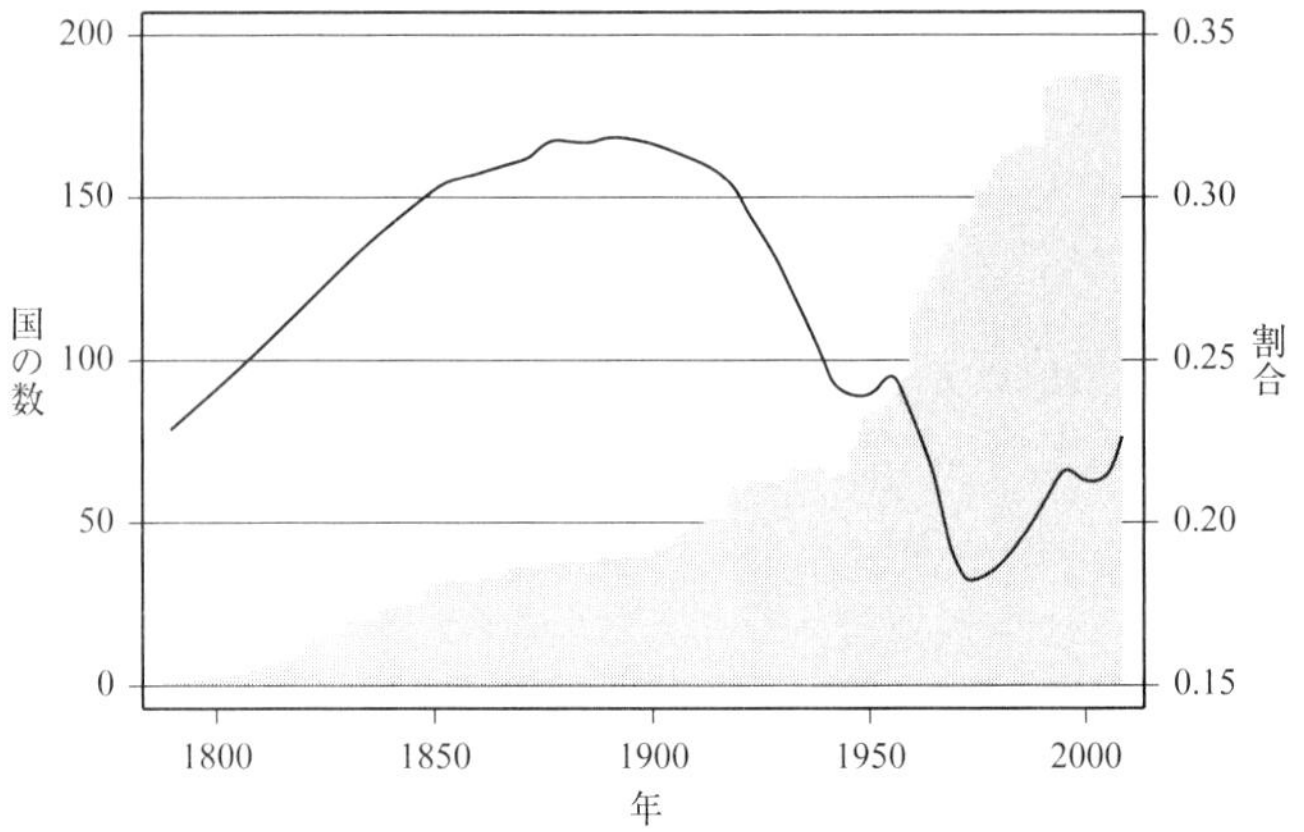

図 2－1　選挙を実施している国の数・割合

注：国・属領の数は網かけの面で示され，図の左側の目盛が数の尺度である。

クが続いた。一八一四年のパラグアイに始まり、すべてのラテンアメリカ諸国は一八四八年までに選挙経験済みのリストに加わった。リベリアでは一八四七年に選挙が実施された。一八四八年から一八四九年の革命期には、ハプスブルク帝国内のオーストリアとハンガリーにおいて、また、オランダとデンマークにおいて初の選挙がおこなわれた。イギリスとカリブ海のイギリス植民地とを含めると、一八五〇年までに少なくとも三一の独立国と属領が、少なくとも一回は議会選挙を経験していた。一九〇〇年には、この数は四三になる。第一次世界大戦後に成立した国のほとんどでは、第二次世界大戦までの一時期に立法府を選出しており、またこの時期にいくつかの属領においても初の選挙が執りおこなわれた。二一世紀の初頭までには、ごく一部を除いたすべての国で、普通選挙によって立法府議員が選ばれ、直接選挙で、または議会によって間接的に、執政府首長が選ばれるようになっていた。

図2－1は、選挙を実施した国・属領の割合を各年で示している。大統領や議会の平均任期は四・六年であるので、定期的に選挙がおこなわれていたとするならば、それぞれの年に、存在する国のうちの約二二%で選挙がおこなわれていたことを意味する。

この変化は画期的であった。人民から遠い存在だった君主を追放した国は、その地位を選挙で選ばれた執政府首長、すなわち大統領で置き換えた。その他の君主国でも徐々に、下院は選挙権を持つ国民から選ぶようにし、下院が議会招集権と予算権を持つ国制を採用した。自らの支配者を自分で選出するというアイディアは、明らかに魅力的だった。この変化は劇的かつ瞬時に起こり、革命的だった。実際、革命によってこの変化が引き起こされた場合も多い。

選挙による自治という神話

社会におけるあらゆる政治的場面で、一部の人がその他大勢を支配し、命令し、脅しや実力行使による強要をしている。この事実からは逃れられない。せいぜいできることは、隠蔽である。たしかに、自らを支配する他人を選ぶことで自治が成立すると人びとが信じているのなら、この事実を隠蔽する必要がある。だが、このような信仰が実際に妥当であるとはまったくいえない。エドマンド・モルガンが指摘するように、「人びとが実際に持つ希望やニーズ、権利と、架空の主権者たちの至高の民意とを調和させるという問題は、一時的なものではなかった。それは選挙という新しいフィクションに固有の問題」だった。[7]

選挙は、選挙で選ばれた人たちに、市民がもし支配者の立場であったらおこなったであろうことをおこなうよう、市民の意思を伝達する機能を持つと考えられている。ヘンリー・ピーター・ブルーム卿によれば、「代表の本質は、人びとの力が一定の期間手放され、人びとに選ばれた代理人に預けられる、ということにある。そして代理人が統治において果たすべき役割は、この譲渡がなければ人びとが自分たち自身で果たしていたと考えられるものである」[8]。また、一八世紀のある作家は、「完全かつ平等な代表者とは、人びとをすべて集めた場合と同じ関心、感情、意見、見解を持っていることである」[9]と考えていた。ジェイムズ・マディソンの見解によれば、代表とは、「市民が実際に集会をする代替」だった。[10]

しかし、この移譲に何の副作用もともなわないというわけではない。かりに代表者が国民から無作為に選ばれていたとしても、代表となった者は独自の利害関係と情報とを持つようになるだろう。彼らが身勝手であるとは限らない。彼らはただ、支持者が望む政策を採用するために妥協する必要があるだけかもしれない。それでも支持者たちは、代表たちが編み出した妥協案が自分たちにとって最良のものであるかどうか確信が持てない。あるいは、代表が望んでいるのは、支持者ではなく国民全体の最善の利益のために行動することかもしれない。代表はそう行動するべきだと、一七七四年にエドマンド・バークが考えたように。「議会とは、互いに対立した利害を代表する参加者が、妥協することを許されないままでいる集まりではない。議会とは、国民全体に共通する利益を熟議するための集まりである」[11]。しかし、たとえ彼らが全体の最善の利益のために行動し、人びとが共通の利益とみなしているものの受託者として行動したとしても、それが、有権者が彼らに追求してほしいと思っている利益であるという保証はどこにもない。

実際、後述するように、議員とは人民から無作為に抽出されたサンプルでは決してない。議員は、自分自身の興味、価値観、信念、特徴を持つ個人である。選挙がもたらしたイデオロギー上の革命は、実際に起こった選挙の実施という革命よりも重大な影響を与えた。代議制の創始者にとっては、代議制とは理性と美徳のある人びとによる政府を意味していた。しかしこの理性と美徳は、富、性別、人種をもとに選別された一部の人びとにのみ与えられていたのである。政府は選挙によって選ばれるべきであったが、選挙は単に、社会的・経済的な地位にもとづいて、支配する資格のある者の優越性に判を押したにすぎなかった。貧困層の利益は富裕層が代表し、女性の利益は男性に守られており、「未開人」は植民地支配者に導かれなければならないのだと教えられた。自治、平等、自由といった概念は、寡頭支配と両立するよう、巧妙な知的装飾がほどこされた。宗教的・経済的な対立を隠すために作られた代議制の諸制度は、選挙と選挙のあいだにおける人びとの発言を封じるか、または少なくとも最小限に抑えるように設計されており、社交クラブ、協会、労働組合、政党など、すべての「中間組織」を市民的平和にとっては危険なものとして扱っていた。多数派の専制に対する防波堤としての役割が期待されていた代議制の諸制度は、権力の監視と相互抑止をすることで、また、多数派の意志よりも現状を守ることで、その是非はさておき、政府があれこれできないように設計されていた。

父権主義の博愛的な装いは、貧困層、女性、あるいは「文明化されて」いない人びとにまで及んでいたかどうかにかかわらず、利権を覆い隠す上塗りのようなものだった。しかも、財産権のこととなるとすぐ剝げてしまう、薄い類の。財産と権力は切っても切れない関係であり、ときには露骨に表明される。だからこそ、これに関する意見は真実を炙りだすものが多く、語っている人の本当の信念や意図を露わにする。ジェイムズ・マディソンは、一般の人びとは「誤り」を犯しうるので、信用できないと語っていたし、シモン・ボリバルも、ヘンリー・キッシンジャーもそう発言した。人びとが犯しうるもっとも重大な過ちは、政治的権利を社会的・経済的な平等の追求に利用すること、つまり、賃上げ、労働条件の向上、社会保障を求め、また、「財産権」を侵害することであると。貧困層がもはや政治的に排除できなくなったときでさえ、多くの巧妙に仕組まれた装置が彼らの政治的権利の効果を無力化するよう働いた。一八八九年、スペイン議会でおこなわれた普通選挙権に関する討論では、次のような発言があった。「私たちはすべての人に選挙権を与えようとしている。これにより、わが国の政治は何か変化するのだろうか。……何ら変わることはない」。財産権への脅威に対しては、このような剝き出しの防御がみられた。しかし、制度的な仕組みは、財産権を護る機能を十分に果たしていたのである。

選挙において自由な個人の意思が積極的に表明されるという見方が妥当かどうかは、政府を選ぶ現実的なチャンスを人びとが持っているかどうかにかかっている。とくに重要なのは、投票によって政府与党をすげ替えられるかどうかである。場合によっては、選挙における争点と、選挙で選ばれた政府が実施する政策面の影響もまた重要である。イタリアの政治哲学者ノルベルト・ボッビオは、「こんにち、ある国での民主主義の発展を判断するにあたっては、『誰が投票するか』ではなく、『どのような争点に投票できるか』が問われるべきだ」と指摘している。[12] しかし、制度的装置が多数派による変革要求から現状を強固に守っている状況では、選挙が決められるのは、誰が支配するかだけでなく、どのように支配するかも含むという見方は成立しなくなる。

　選挙に対する信頼を維持するには、ときにはイデオロギーを実現する必要がある。つまり、信頼維持のために、制度は改革されなければならない。モルガンは、素晴らしいながらも皮肉なタイトルがつけられた『人民という存在の発明』というエッセイのなかで、イングランドとアメリカにおける自治の起源をこのように解釈している。[13]「王が神であると見せかけ、王は悪事を犯さないと見せかけ、人民の声が神の声であると見せかけろ。人民は意見を持っていると見せかけるか、議員が人民そのものであると見せかけろ」。しかしイデオロギーとは、それが実際の経験に即している場合にのみ、もっともらしいものとなる。「説得力を持つためには、……フィクションは事実に似かよっていなければならない」。ほとんどの場合、私たちはフィクションを事実に合わせる。しかし、ときには事実をフィクションに合わせなければならない。フィクションは事実をつくりだす。「フィクションは私たちに必要不可欠な存在で、これなしでは生きられないため、私たちはしばしば事実をフィクションに近づけたり、私たちの世界を私たちの願望に近づけたりして、フィクションの崩壊を防ぐのに苦心している……フィクションがわれわれを支配し、現実を形成するのだ」。これらの内容が示唆するのは、次に引用する文章である。「政治的なでっち上げと現実との奇妙な混ざり合いのなかで、支配する少数者は、支配されている多数者に負けず劣らず、その権威が依存する虚構によって自らが制限を受けている――改変されているといってもよいかもしれない――ことに気づくだろう」。

蚊帳の外に追いやられていた人びとへの政治的権利の拡張と、これらの権利を有効にするための一連の改革は、社会革命の脅威に迫られて初めて実行された。この意味では、支配者は大衆の蜂起に屈したといえる。一方、改革の一部は、歴史的状況の変化に応じてエリートたちが自らの利益として自発的におこなったものである。どちらの種類の改革であったのかを見極めるひとつの方法は、改革前の状況と比べて、エリートの状況が革命が起こった場合よりはましだとしても、悪化したか、あるいは全員ではなくとも大多数のエリートの状況が改革前よりも改善したかどうかである。

どの改革が大衆の勝利を意味するのかを判別することは容易ではないが、これらの闘争が特異であったのは、改革を求めて闘った大衆が、戦っている相手が宣言した理想にもとづいて自分たちの要求を正当化した点である。労働者階級の指導者は、平等と自治の観点から社会主義を訴えた。フランスの社会主義リーダーであったジャン・ジョレスは、「社会主義の勝利は、フランス革命との決別ではなく、新しい経済状況におけるフランス革命の成就である」[14]と考えていた。他方、ドイツの社会主義者エドゥアルト・ベルンシュタインは、社会主義とは、民主主義の単なる論理的な帰結であるとみていた。[15]一七九一年のオランプ・ド・グージュ（マリー・グーズ）の「女性と女性市民の権利宣言（女権宣言」は、女性にも男性と同じ原則が適用されるようにと、一七八九年の「人間と市民の権利の宣言（人権宣言）」における性別を単に置き換えたものだった。また、独立運動の指導者たちは、植民地支配者の価値観に訴えた。ホー・チ・ミンの「ヴェトナム民主共和国独立宣言」は、アメリカ独立宣言とフランス人権宣言からの引用で始まった。そして、マーティン・ルーサー・キング牧師の夢は、「アメリカン・ドリームに深く根ざして」いた。「今こそ民主主義の約束を実現するときだ」と、キング牧師は言う。このように、選挙による自治という神話は強力なのである。

政府を選択する方法としての選挙

選挙とは、有権者の票をカウントして政府を選ぶ方法だ。しかし、議院内閣制、大統領制、混合制（半大統領制）の三つに通常分類される制度設計ごとに、政府のどの職位が選挙で選ばれるかは異なる。議院内閣制の場合は立法府によって、大統領制の場合は国民の投票によって執政府首長が選出される。両者の違いの核心は、立法府議員の投票に執政府首長を辞めさせる権限があるかどうかである。立法府によって執政府首長を辞めさせられない制度が大統領制、辞めさせられる制度が議院内閣制である。議会が辞めさせられる執政府首長に加え、有権者に直接選ばれる大統領が存在する場合が混合制となる。ただし、議院内閣制における執政府首長は、議会過半数の支持を必ずしも必要としないことに留意すべきである。議会の過半数が内閣不信任決議をしないだけで十分で、少数派の議員に支持されているだけの政府が政権を維持することは可能であり、いくつかの国では恒常的にみられる状態である。他方、大統領制における弾劾とは異なり、議院内閣制での議会は、理由を一切提示することなく政府への不信任投票ができる。ばかげた理由による弾劾の試みは、とりわけビル・クリントン政権時、アメリカが「議院内閣制」に変化しつつあるといった論評を生んだが、このような見方は誤りである。議院内閣制における議会は、金銭的・性的なスキャンダルなどを追及することなしに、議員の過半数が政府退陣を望めば政府を罷免できる。それとは対照的に、大統領制では、大統領の任期は固定されており、任期中は議会による問責・弾劾以外の手続きで解任されることはない。このような違いを考えると、議院内閣制では、政府は二つの段階を経て形成されるといえる。まず有権者が立法府を選び、次に立法府が執政府を選ぶ。これに対して大統領制では、有権者が大統領と議員を別々に選出し、場合によっては議会による閣僚の承認を得て、選出された大統領が執政府を形成する。

選挙に関する二番目の大きな違いは、勝敗を決める票の集計方法にある。大統領選挙では、一票でも多くの票を獲得した人が勝者となる場合もあれば、過半数または特定の割合の多数票を獲得した候補者がいないときに、第一回投票で得票率の高かった二人の候補者のあいだで第二回投票がおこなわれる場合もある。また、これらよりも複雑なルールを採用している国もある。アメリカは、大統領を間接的に選ぶ制度を持つ唯一の国である。

各政党の得票をどのように議席に配分するかを決めるルールはより多様で、かつ決定な違いをもたらす。主な違いは議席配分方式で、「各選挙区から一人の当選者が選出される小選挙区制」と、比例のルールにもとづいて一つの選挙区から複数の議員が選出される比例代表制とに分けられる。ほとんどの国ではどちらかの制度を採用しているが、両方を組み合わせている国もある。

これらの制度の違いが決定的に重要なのは、第一に、選挙で競合する政党の数に影響するからである。フランスの政治学者モーリス・デュヴェルジェにちなんだ「デュヴェルジェの法則」によれば、小選挙区制を採用している国では政党の数は二つであるのに対し、比例代表制を採用する国では多数の政党が存在する傾向がある。より最近の研究では、小選挙区制の効果は社会的・地域的な亀裂構造にも影響を受けるが、比例代表制が多党制を促進することについてはほとんど疑う余地がないとされている。第二の重要な効果は、政党数の違いにも影響を受けているが、これらの選挙制度が各政党の獲得票シェアと議席シェアとのあいだの乖離に違いをもたらすことである。アメリカのように、小選挙区制を採用し、かつ二つの政党が存在するとしよう。片方の政党が五〇%プラス一票を五〇%プラス一つの選挙区で獲得し、他の選挙区では一票も獲得しなかった場合、下院では全体の約二五%の票だけで過半数の議席を占めることになる。逆の極端な例として、国全体で一つの選挙区を構成するイスラエルやオランダのような比例代表制では、政党が五〇%の議席を得るためには、五〇%の票を得る必要がある。

小選挙区制と比例代表制、大統領制と議院内閣制は、どちらが良いのだろうか。比例代表制がより代表的であるという長所を持つことは明らかである。より代表的であるとは、選挙においてより多様な意見を表明できることを意味する。たとえばフランスでは、「グローバル化を止める」、「所得を再分配する」、「地方選挙で外国人参政権を与える」、「狩猟を許可する」、「移民を追放する」などといったさまざまな主張を提示する政党が、第一回選挙では存在する。また、代表的であるとは、得票率と議席率の乖離や「人工過半数」[*1]になる頻度が低いという意味でもある。だが、すべての声が代表されることは賞賛に値する一方で、誰かが舵を取らなければならない。比例代表制は複数の政党の存在を促すため、単一の政党が議会で過半数を持たないという選挙結果になりがちである。そのため、異なる選好をもつ多数派連立か、少数派政権（または少数派連立）が形成される。このような場合、成立させたい個々の法案ごとに多数派工作をしなければならないことになる。一方の小選挙区制は、「実際に過半数票を獲得した」かどうかはさておき、一党で多数派を構成できる傾向があるので、安定した政権を担える政党があるということになる。このような代表と安定のジレンマを克服するため、小選挙区制と比例代表制を組み合わせたドイツや、過半数を獲得した政党に必要な数の議席を与えたイタリアなど、代表の比例性と、過半数政党が存在する確率を高める仕組みとを組み合わせた選挙制度を採用する国もある。

大統領制か議院内閣制かという問題はさらに複雑である。これらと選挙制度との組み合わせによって制度の機能が異なってくることもあり、専門家のあいだでの意見は分かれている。大統領制では、議会の過半数は単一の政党によって占められることが多く、またこの過半数政党は、別個に選出された大統領の政党と一致することがほとんどである。議会の多数派政党が大統領を支持しない「分割政府」は、ほとんど米国でしかみられない。一部の研究者は、比例代表制をともなうことの多い議院内閣制を、政府が不安定になるという理由で批判しており、ドイツのワイマール共和国が典型的な悪い例として挙げられる。だが、ある人にとっての「不安定」とは、別の人にとっての「柔軟性」だ。大統領制では、非常に評判の悪い政権の継続を許し、支持率が一桁台で推移することもある。さらに、議会と大統領が何も合意できず、立法過程が麻痺状態になる場合もある。

要するに、選挙を一概に語ることはできない。国ごとに、投票の対象となる公職が異なり、また票の集計方法も多様である。以後の章では、すべての選挙に共通するものに焦点を当てているため、これまで説明した選挙ごとの違いは、論点に関連しない限りは無視していることに留意されたい。

第3章　所有権の保護

一部の人だけが財産を享受し、市場が所得を不平等に分配する社会では、制限のない多数派支配は経済的特権に対する脅威となる。このような見解を初めて述べたのは、おそらく、ヘンリー・アイアトンであろう。彼が一六四七年にパットニーでおこなった参政権論争では、次のように述べている。「それ［男性の普通選挙権］は、所有権を破壊することになるかもしれない。選出されるほとんどの者は、地元の利益も恒久的な利益も考えていない。このような場合、なぜ彼らがすべての所有権制度に反対票を投じる可能性がないと言いきれるのだろうか[1]」。この見解は、一七九六年に法の平等が富の平等につながるべきだと主張したフランスの強硬な保守主義者、J・マレット・デュ・パンによっても繰り返された。「官職、相続、結婚、商工業によって社会に組み込まれた不平等がはびこるなかで、あなたは平等の共和国を望むだろうか。あなたは財産を投げ出す羽目になるだろう[2]」。ジェイムズ・マディソンは、「財産の保有者が直面する危険は、財産を持たない多数派に対する対策を何も講じなければ、避けられないものである。多くの人が参加しているからといって、個人の場合よりも誘惑に負けにくいというわけではない。……したがって、〔多数派による統治は〕所有権にとっては厄介なものなのである」と警告した。(3)

この考え方が定着すると、これが選挙における希望だけでなく、脅威の中心にもなった。保守主義者の見解は、選挙、とくに普通選挙権は、所有権を損なうに違いないという社会主義者の意見と一致していた。スコットランドの哲学者ジェイムズ・マッキントッシュは、一八一八年に「労働者階級が参政権を得れば、彼らの意見と所有権のあいだに恒久的な軋轢が生じるに違いない」と予想した。(4)デイヴィッド・リカードは、「所有権を覆すことに関心が向くとは考えられない人に対して」(5)のみ、参政権を拡張してもよいと考えていた。トーマス・マコーリーは、一八四二年のチャーティスト運動に関する演説で、普遍的な選挙権がもたらす危険について簡潔にまとめている。(6)

人民憲章で重要なのは、普通選挙権だ。普通選挙権を制限する場合、ほかにどの権利を認めるかはあまり重要でない。普通選挙権を認めた場合、ほかにどの権利を認めないかはどうでもよい。普通選挙権を認めれば、この国は滅びる。……私が確信しているのは、私たちの国では、普通選挙権は、政府のあれやこれやの形態だけでなく、政府が存在するためのすべてのものと相容れないということだ。つまり、所有権とは相容れないものであり、それゆえ、文明と相容れないものである。

所有権に対する脅威は、あらゆる方法で阻むことができる。財産を持つ者だけが選出されたなら、彼らが自分自身の利益に反する行動をとる可能性は低いだろう。貧困層が選挙に参加できなければ、大半の有権者は貧しくはない。また、たとえ被選挙権と選挙権に制限がなかったとしても、マディソンが述べたように、公開投票や間接選挙によって人びとの意見は「フィルターをかけられ、精練された」ものにできる。さらに、改革に必要な多数派を五〇％プラス一ではなく、圧倒的多数派にするよう政治制度を設計することもできる。そのうえ、所有権に影響を与える決定は、憲法裁判所の審査を受けるか、独立した中央銀行に委任することもできる。

所有権を守る頑丈な壁は、過去二〇〇年以上、政治の争点であった。だが、徐々にその多くは撤去された。おそらくもっとも重要なことに、参政権がまず下層階級、次に女性に拡大された。秘密投票と直接選挙への移行は、多数派の声を社会的圧力から解放した。二院制から一院制議会への進展は、現状維持の壁を弱めた。しかし、これらの改革は積み重ねられた不可逆的なものだという見方は、権力者が自分たちの利権を守るための新たな方法を発見する創意工夫により、繰り返し裏切られてきた。

誰が選ばれるのか

支配者は選挙で選ばれる。しかし、これは誰でも支配者になれることを意味しない。被選挙権はもともと裕福な男性に限定されていたが、時がたつにつれてそのような法的制限は撤廃されてきた。ところが、私たちは一般庶民的ではない人びとによって統治され続けている。どの国でも、統治機関の構成は、経済、性別、民族の構成を反映していない。何らかの特徴において優れた人を選ぶことは、選挙の本質なのである。

選挙によって支配者を選ぶことは、人びとは統治能力を平等に持っていないと認めていることの裏返しである。ベルナール・マニンによる、支配者選択の反実仮想上のメカニズム、すなわち抽選の分析は、「選挙の貴族的な性質」を暴き出している。[7] 人びとが等しく知恵と美徳に恵まれ、利害が調和的ならば、誰が支配しても違いはない。誰もが同じように支配するだろう。そして、潜在的な支配者として全員が平等であれば、支配者は国民のなかから無作為に選べる。争いの絶えない社会でも、無作為に選ばれた人びとが、支配者と被支配者を短いスパンで行き来することができるだろう。マニンが詳細に記述しているように、一八世紀の知識人のあいだでは、支配者をくじで選ぶという考えが存在していた。しかしそれは、「祖国の真の利益をもっともよく見極める知恵を持ち、愛国心と正義感を一時的または部分的な動機のために犠牲にすることがもっともなさそうな、選ばれた市民がつくる議会」のほうが支持されたために棄却された。[8] マニンの分析によれば、「代議制政府は、選出された代表者が、彼らを選出した者とは異なる社会的出自をもつ優れた市民でありうる、またそうあるべきことを十分に意識して制定された」のである。(9)

初期の選挙では、社会的地位が知恵と美徳の指標として扱われていた。「統治者としてふさわしい」人びととは有産階級のことであり、このフレーズは一九二四年になってもまだ、労働党政権を貶めるためにウィンストン・チャーチルが使用していたほどである。だがこの関連づけは、大衆を基盤とする労働者階級の組織の台頭にともない、しだいに曖昧になっていった。現在では、私たちは政策綱領を掲げて競合する候補者や政党を選挙で選んでいる。自由選挙とは、各有権者が候補者のどの資質が統治者の資質としてふさわしいかを決め、観察できる範囲でその基準を当てはめて、個人の好みに従って投票できることを意味していた。しかし私たちは、より適任な者がいることを知っている。ロナルド・ドゥオーキンが指摘するように、「私たちはたしかに、［金銭面］以外の理由から、政治においては影響力が不平等であることを望んでいる。私たちは、より良い見解を持つ者や、より説得力のある議論ができる者に、より多くの影響力を持ってもらいたいと思っている」(10)。マニンの言葉を借りれば、「選挙は、その性質上、有権者に似た代表者の選出とはならない」(11)。私たちは、自分より適格な者を選ぶのだ。

さらにいえば、政治家という職業は、階層的に組織されるようになっている。新人は下っ端として政治の世界に入り、辛抱強く頂点を目指し、年齢を重ねて初めて著名な政治家になる。私たちが名前を知っている政治家のほとんどは、長年のキャリアを積んでいる。なかには公的部門と民間部門を行き来している者もいるが、彼らは「政治家階級」を形成している。たしかに、私たちが政治を職業にするべきだと思うのには理由がある。結局のところ、他の職業と同じように、政治には実務でしか身につかないスキルが必要だ。しかし、政治以外のことをほとんどしてこなかった人びとが、他人の生き方にほとんど共感できないのもまた事実である。

選挙は、参入の完全な自由と、すべての実現可能な政策争点とをともなう形でおこなわれる必要はない。実際のところ、決してそのようなものではない。どの国の政治においても、社会にある利害対立が政治的に組織されるかどうかには制約があり、政治への参入障壁が存在し、また、ある政策が選挙での争点となるかどうかにも制限がある。

どの国においても、選挙に参入できる集団に関する条件が設けられている。政党として認められるには登録が必要で、多くの場合いくつかの条件が課されている。たとえば、フランスの大統領選挙で候補になるためには、政府のさまざまなレベルで選ばれた約八万人の公職者のうちの、少なくとも五〇〇人からの支持を得なければならない。この条件は厳しいものではないが、二〇一二年の選挙では元首相が必要とされる支持を得ることができなかった。多くの国では、ある種の政治イデオロギーや一部の政治団体を排除し、組織として選挙に参入できる政治勢力を選別している。一般的には民主主義国家だと考えられている国でさえ、反民主主義と考えられる勢力を非合法化することがある。たとえば、西ドイツやマッカーシズム時代のアメリカにおける共産党である。アメリカでのもっとも重要な参入障壁は、政治資金だ。選挙に出馬するためには、個人レベルで動員できる財源が必要である。

また、どの国でも公の場での言論を規制している。内容を直接検閲する場合もあるが、公共の場での言論を取捨選択するには、実は検閲は必要ない。私的な言論は自由だろう。しかし、公共の場での演説にはどうしてもコストがかかるため、スポンサーが必要となる。スポンサーは納税者かもしれないし、民間の利害関係者かもしれないが、とにかく金銭的支援が必要だ。私のような学者が人前で話す機会を与えられるときでさえ、誰かがホテル代を払い、旅費を払い、話の種となる研究のための費用を払ってくれている。政治的な演説、つまり、すべての人に影響する政策につながるかもしれないアイディアを他の人に受け入れてもらうための演説は、このように、少数の者だけに許されている。一〇〇人以上の聴衆に向けた講演をしたことがある人はどれくらいいるだろうか。繰り返しになるが、これらの少数派は誰でもいいわけではない。彼らはプロの政治家、公務員、ジャーナリスト、宗教的指導者、学者、映画監督、作家などであり、マニンの言うところの「貴族」なのだ。

したがって、選挙が自由で競争力のあるもので、さまざまに改革されてきたものであったとしても、これだけ多くのことが選挙のメカニズムに含まれている。こんにちにおいても、二〇〇年前と同じように、誰もが統治する資格を持てるわけではなく、何もかもを公的に提案できるわけでもない。

誰が選べるのか

「人民」の過ちを防ぐために、代議制の父祖たちは、選挙権を行使する人を裕福な男性に限定することが賢明だと考えた。結果として、普遍主義的なイデオロギーと排他的な制度とのあいだにギャップがあることは、ひと皮めくればすぐにわかることだった。一七八九年のフランス人権宣言も、すぐ後に続く文章のなかで平等の認識をこのように修飾した。「人は自由かつ権利において平等なものとして生まれ、生存する。社会的差別は、共同の利益にもとづくものでなければ、設けられない」。一部の人びとを排除しようとする論調は必死ともいえるもので、起草者たちがいかに利己的かが露わになるほどだった。このギャップは、人民支配に対する信頼性を損うほど赤裸々な、多くの国で一〇〇年以上続くことになった争いにつながった。貧乏人も女性も、自分たちにとって最善の利益が裕福な男性によって代表されているとは信じていなかった。彼らは参政権を求めて闘ったが、参政権は危険な武器であるとみなされた。

「民主主義のもとでの不平等はすべて、民主主義の本質から、そして民主主義の原理そのものから導き出されるべきものである」という原則から出発した、モンテスキューによる大衆排除の正当化を考えてみよう[12]。彼は、生きるために働かなければならない人というのは、公職に就く準備ができておらず、公務もきちんと果たすことができないと指摘した。革命前夜にパリで弁護士をしていた際には、次のように表現している。「普遍的な人類の権利のために何かをしたいと思っても、貧しさのために教育と職業の面で犠牲となっている者は、公務に完全な形で参加する能力に欠けている階層であることは否めない[13]」。モンテスキューは続ける。「このような場合には……市民のあいだの平等は、民主主義を良くするために民主主義において無視できる。しかし、ここで回避されているのは見かけ上の平等だけだ」[14]。彼の基本的な主張は、次のとおりである。

一、代表制は、すべての人の最善の利益のために機能している。
二、すべての人の最善の利益を特定するには理性が必要であり、それを実行するには美徳が必要である。
三、理性と美徳は、社会的に規定されている。すなわち、生活のために働かなくてもよい「無利益」状態、または、雇用されたり他の人に依存しなくてもよい「独立」状態である。

一方、見かけ上の平等だけが回避されているのだという主張は、次の三段論法で構築されていた。

一、最善の共通利益のための行動とは、すべての人が平等に代表されるべく、すべての人を平等とみなすことである。
二、優れた性質とは、共通の利益を認識し、追求する能力のことである。
三、何人もこの性質を獲得することは禁じられていないので、選挙権は潜在的にはすべての人に開かれている。

イングランド、アメリカ、フランス、スペイン、そして新しく独立したラテンアメリカの共和国で

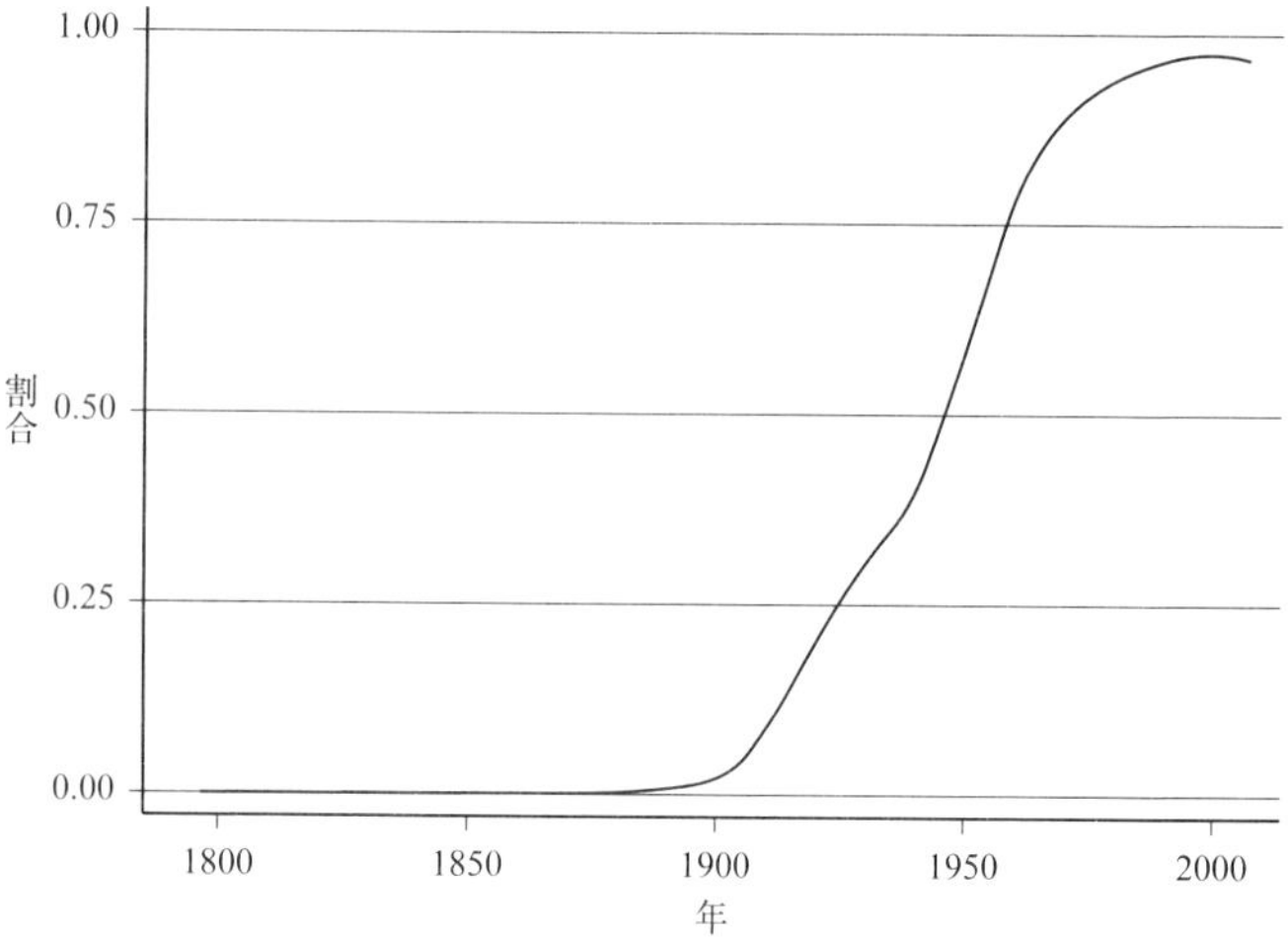

図3－1　男性に普通選挙権が与えられた選挙の割合
注：男性への普通選挙権があれば，女性が選挙権を持つ選挙を含む。

最初の選挙がおこなわれたとき、政治的権利はどの国でも裕福な男性に制限されていた。これらの国ではすべて、その後、貧しい男性や女性にも選挙権が拡大された。一方で、新興独立国では独立の際、幅広い層に政治的権利を付与することがほとんどだったので、現在では選挙実施国における政治的権利は、それがどのような選挙であれ、普遍的なものである。しかし、代議制から一般大衆が参加する民主主義への道のりは遠く、長い時間を要した。一九〇〇年の時点で、完全な普通選挙権を持っていたのは一カ国のみで、選挙権が男性に限られていた国は一七カ国あった。二〇世紀後半になってようやく、つまり、代議制が確立されてから一五〇年以上経過した後になってようやく、普遍的な選挙権が不可避的な規範となったのである。図3－1はこの展開を示している。

貧しい男性に選挙権を拡大した理由は、個々に

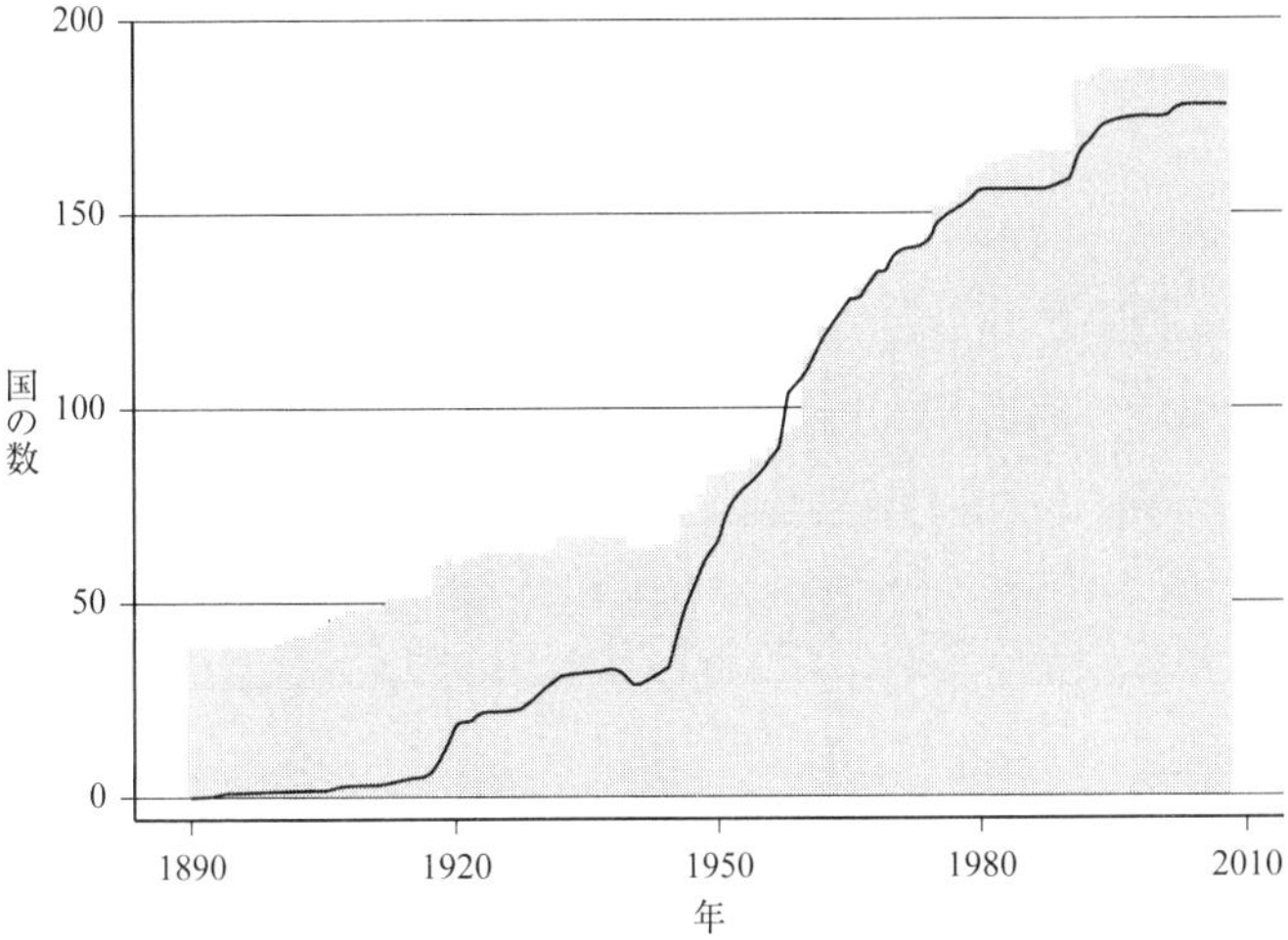

図 3 − 2　女性が男性と平等な参政権を持つ国の数

注：線グラフは男女平等な選挙権のある国の数の Lowess 平滑線を，棒グラフは国の総数を示す。

は異なる場合もあるが、その大半は革命の脅威、あるいは社会不安への対応策であった。選挙権拡大の古典的な説明は、政治から排除された者が革命を起こす恐れがあるため、たとえ政治的権利を共有することがエリートにとってのコストとなるとしても、エリートは革命のリスクよりもコストを選んだ、というものである。もうひとつの説明は、エリートの一部は、純粋に党派的であれ経済的であれ、選挙権を拡大することが自分たちの利益になると考えていたので、彼らは権力の座にありながら選挙改革を実行した、というものである。

女性参政権への制限は、別の理由によっていた。初期の女性参政権支持者は、良識は性別を基準に与えられているわけではないと考えていた一方で、女性に参政権を与えることに反対する主な主張は、女性は子どもと同じで独立しておらず、自分自身の意志を持っていないというものだった。女性はすでに世帯内の男性によって代表されており、女性の利益は選挙権ではなく、家庭内の庇護的な繋がりによって代表されると考えられていた。このように、女性に参政権を与えないことを正当化する論理は、性別ではなく、依存状態を基準にしていた。一八八〇年代にイングランドでおこなわれた調査で、成人女性のほぼ半数が実際には成人男性のいない世帯で暮らしていたことが明らかになったとき、この正当化の論理は崩壊した。女性が国政選挙で男性と同じように投票できるようになった最初の国は一八九三年のニュージーランドで、一九〇二年のオーストラリア、一九〇七年のフィンランド、一九一三年のノルウェーと続く。二つの世界大戦の間には、独立したばかりの六カ国を含む一七カ国で女性参政権が採用された。しかし、一九四五年の時点でも、何らかの形で女性に参政権が与えられている国はまだ半数にすぎなかった。一九四八年の国連による、あらゆる差別の禁止と男女の権利の平等を謳った世界人権宣言をもって、この日以降に独立した国では、イスラーム教国のバーレーン、クウェート、モルディブの三カ国を除き、すべての男女に選挙権が拡大された。図3－2は、この歴史をまとめたもので、女性が男性と同じように選挙権を持つ国の数を示している。

人民の声の取捨選択

権利の付与と、影響力の付与とは異なる。貧困層に投票が認められたとき、制度的な装置が彼らの

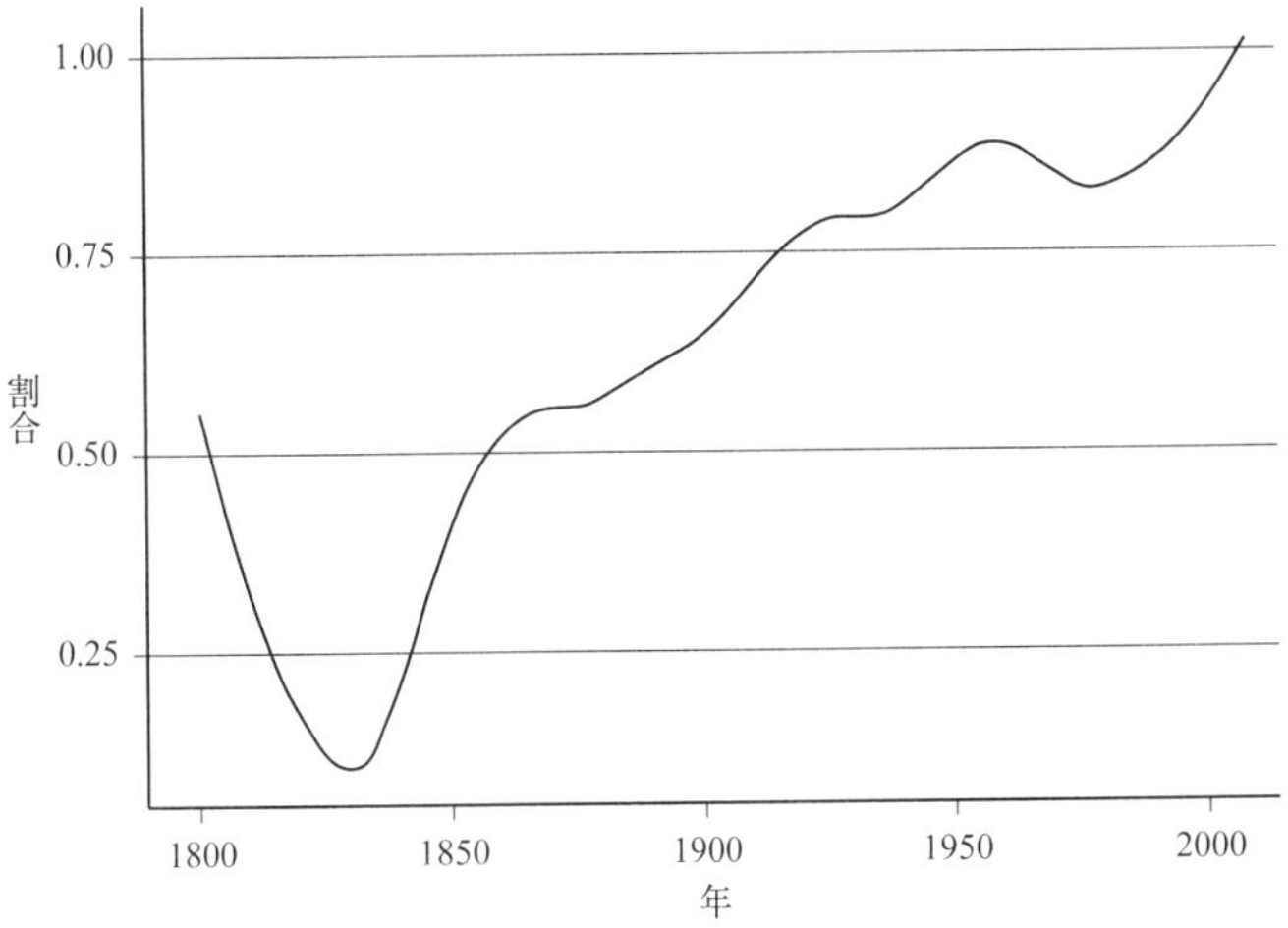

図 3－3　直接選挙の割合

注：Lowess 平滑化線を使用。

参加による影響に歯止めをかけた。このような政治的権利拡大の効果を抑制する装置の典型は、間接選挙と公開投票だ。

間接選挙と選挙権の制限は相互補完的に用いられており、どちらも、人口の多数派が議会の構成に直接の影響を及ぼさないようにするための手段であった。歴史が示す情報の破片を繋ぎ合わせれば、間接選挙が階級の人口比に応じた代表を制限するのに強力な効果を発揮していたことがわかる。間接的に選出されたフランスの国民公会は、「構成員の五二％が農民から選出された法律家の集まり」であった。また、間接選挙がもたらした影響の一例として、一八四七年のメキシコのケレタロ州における選挙が挙げられる。第一次選挙における有権者は職人や労働者が五一・三％を占め、地主の姿はほとんどなかった。しかし、第一次選挙で選ばれた代表が議員を選ぶ第二次選挙では、地

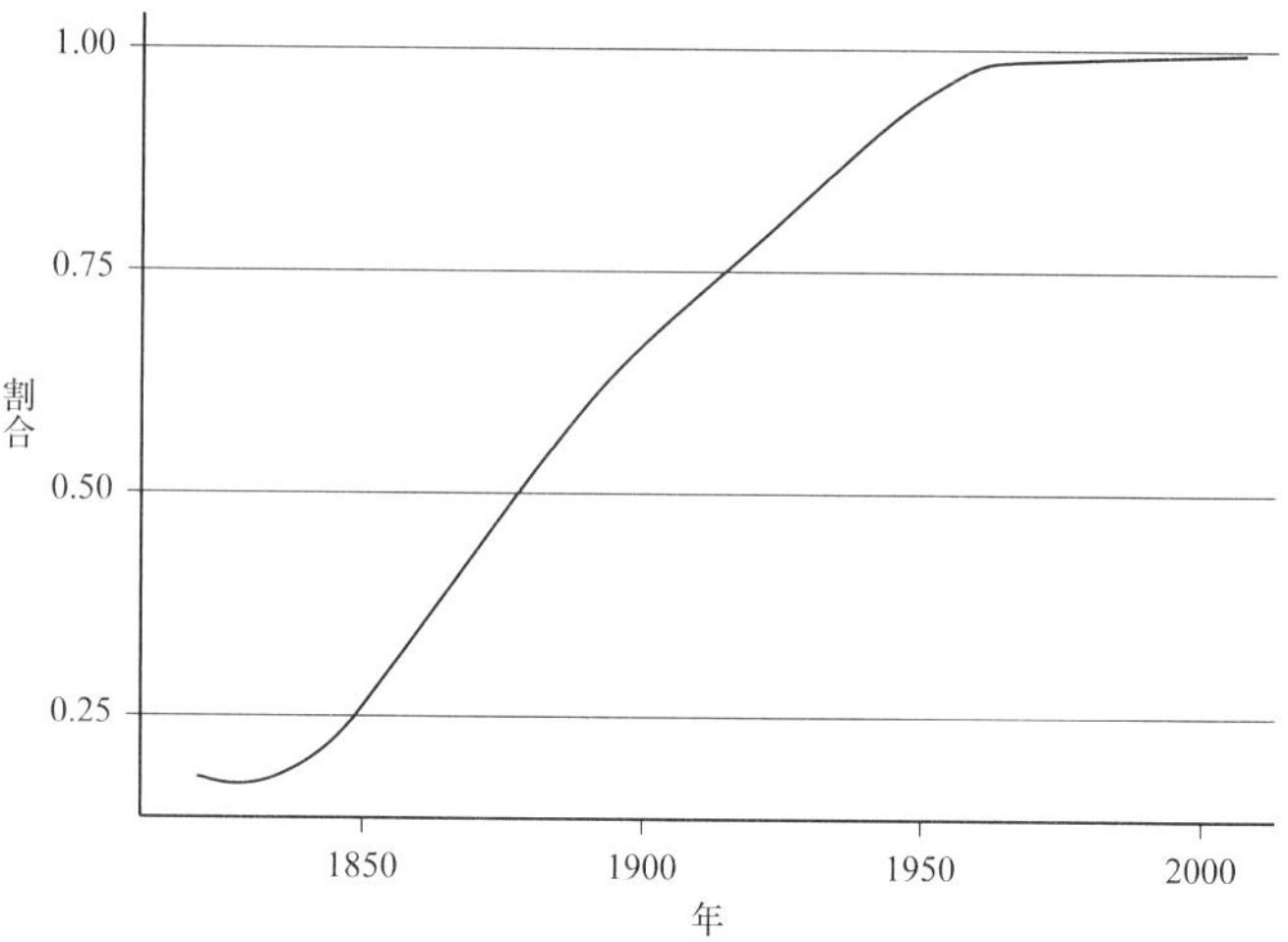

図 3 − 4　秘密投票による選挙の割合
注：Lowess 平滑化線を使用。

主が有権者の五八・三％を占め、貧困層は完全に排除されていた。

それならば、間接選挙が現職議員を守る強力な手段であったのも不思議ではない。現職のうち落選したのは、間接選挙の場合には五八五回の選挙のうちの九・七％、直接選挙の場合には二一一三回の選挙のうち二三・五％であった。私の計算によれば、直接選挙は現職勝利の確率を一三％下げる。

一方、公開投票は、とくに農村部の貧しい有権者にとっての脅威となるので、経済的依存関係は政治的依存に置き換わる。ペンシルヴァニア州議会議員のマーク・B・コーエンは、このようにコメントした。「記名投票は、既存の権力構造や友人関係に相反する選好を持つ人びとにとって、真に自由なものではない」(15)。有権者のあいだに貧富の差があるだけでなく、経済的依存関係に組み込まれている人がいる場合、選挙での選択を公表することは、彼らを権力者からの制裁の脅威にさらし、投票先に関して脅しをかけられることになる。

公開投票は、再選についても大きな影響力を持つ。投票先が公開された四四九の選挙のうちの九二％、秘密投票だった一九三七の選挙のうちの七六％が、現職議員の再選だった。この結果は、秘密投票は現職勝利の確率を一三％低下させることを示す。

超多数派制度

選挙とは多数決主義のメカニズムであり、もっとも多くの票を獲得した者が勝者となる。ヨーゼフ・シュンペーターが指摘するように、「民主主義の原則とは、単に、競合する個人やチームよりも多くの支持を得た人たちに政府の舵取りを任せるべきだということにすぎない」[16]。さらに、議席獲得には相対多数の票の獲得で十分な場合はあっても、五〇％プラス一という過半数以上の票の獲得を要求する選挙制度はない。そして、過半数による多数決というルールは、五〇％マイナス一の有権者が、負けた少数派サイドになりうることを意味している。それゆえ、民主主義が永遠に抱える問いは次のようなものである。選挙における多数派は、少数派に対して何ができて、何ができないのか。多数派が少数派を不当に扱うのを防ぐにはどうすればいいのか。

選挙における少数派を保護する方法のひとつは、現状を変えるために必要な支持の割合を高くする

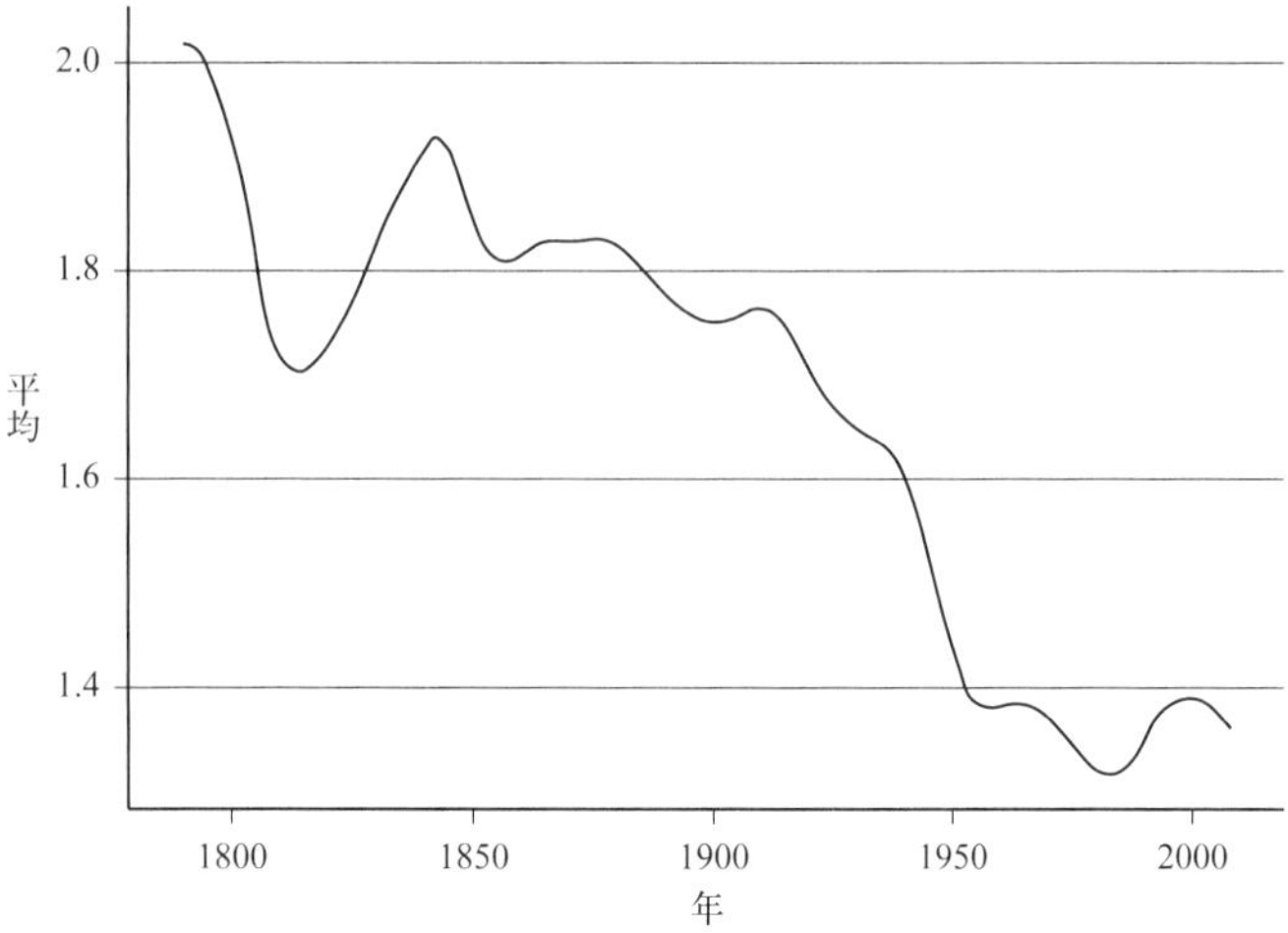

図 3－5　平均議院数の推移

注：Lowess 平滑化線を使用。

ことである。私はそのような装置を「超多数派（super-majoritarian）制度」と呼んでいる。第二の方法は、多数派の決定を、選挙で選ばれていない機関、典型的には憲法裁判所の監視に委ねるか、政策の一部（典型的には金融政策）を現在の多数派の管轄から外すかのいずれかである。このような装置が「反多数派（contra-majoritarian）制度」と呼ばれる。

法律制定時に二つ以上の機関の承認を必要とするシステムは、すべて超多数派制度である。議員と大統領の両方が同じ選挙民によって選出された場合でも、異なるルールにもとづいて選出されている限り、それぞれが異なる多数派の声に対して応答性を有するので、法案を通すために必要な多数派は単なる五〇％よりも多い。大統領は国全体から選出され、下院は選挙区から選出され、上院は下院選挙区よりも広い地域にまたがる選挙区か

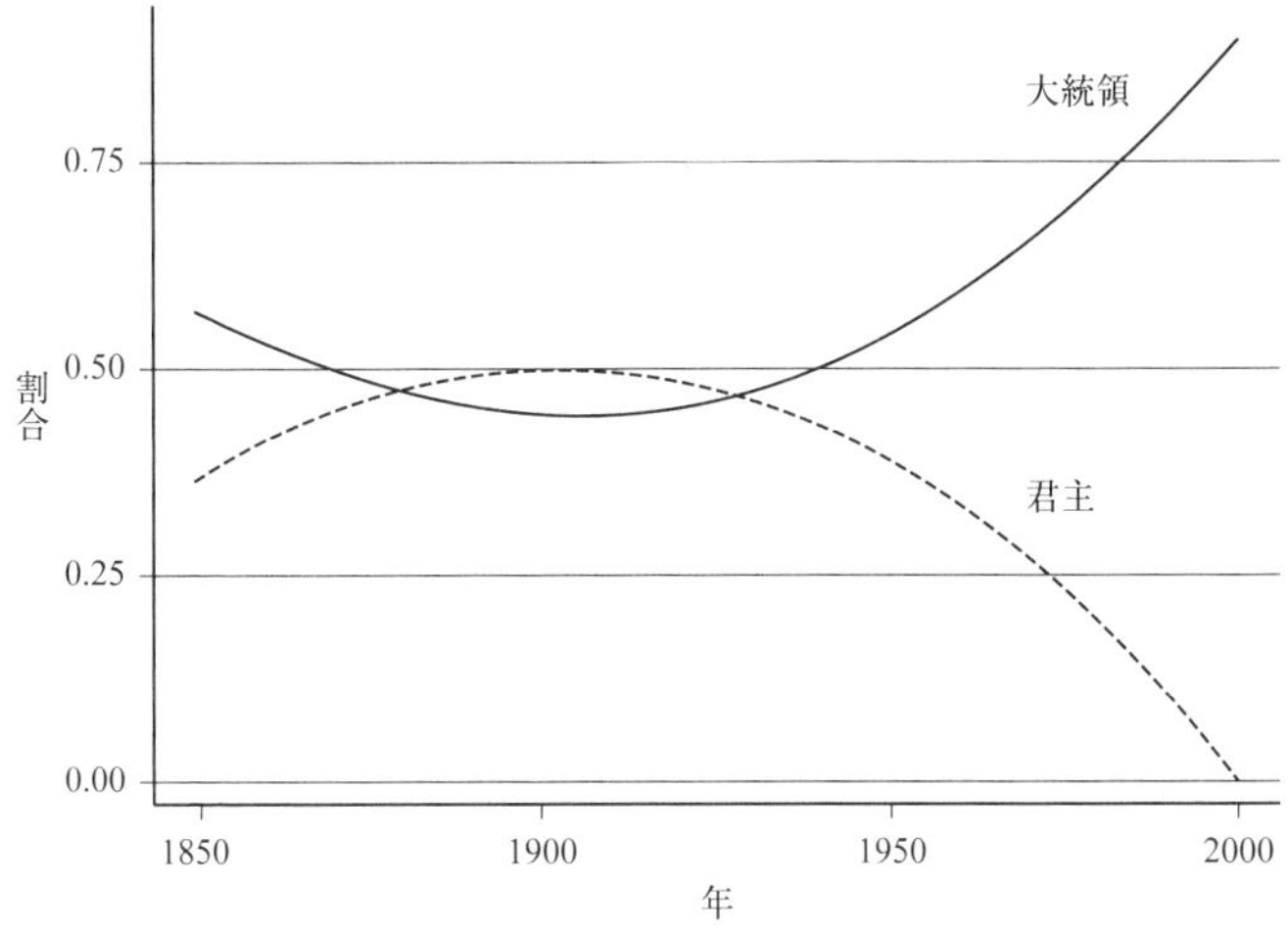

図 3－6　君主または大統領が法案を拒否できる民主主義国の割合，1848–2008 年

ら通常は選出される。彼らを選出した多数派が一致しない限り、それが何であれ、現状を変えるための事実上の閾値が超多数派を必要とすることは、容易にみてとれる。選出方法がやや異なる二つの議院において単純多数決で法案を可決しなければならない場合、両院の合同会派において単純多数決で可決されていたかもしれない法案は、二院制のもとでは不成立になりうる。超多数派となるために必要な多数派の程度はかなり高いかもしれない。ある試算によると、現代のアメリカではその程度は七五％である。図３－５は、平均でみた議院の数の変化を示している。一九世紀にはほとんどの議会が二院制であったが、一九五〇年以降は約半数が一院制をとっている。

図３－６は、君主または選挙で選ばれた大統領が、議会で採択された法案に対する拒否権を行使できる民主主義国の割合を示す（憲法裁判所による拒否権は除く）。図からわかるように、大統領が拒否権を

持つ割合は一九世紀後半に減少したものの、その後は増加を続けている。一方で、拒否権を持つ君主の割合は減少している。二〇〇八年の時点では、ほとんどの国では直接的または間接的に選出された、少なくともある程度の拒否権を持つ大統領が存在している。ただしこの図は、拒否権の実際の使用ではなく、憲法上の権利を示しているにすぎない。たとえば、イギリスの君主は現在も拒否権を持っているが、一八世紀半ば以降、いちども使用されていない。

反多数派制度

多くの民主主義国では、二院制の立法府が法案を可決し、その法案に対する執政府からの拒否権行使がなかったとしても、選挙では選ばれず、政治家から任命を受けた者で構成される機関によって法律が無効化されることがある。このような機関のひとつである憲法裁判所の役割は、多数派の一時的な気まぐれから権利を保護することだ。選挙で形成される多数派と憲法裁判所のあいだのこの対立は、「民主主義対法の支配」としばしば表現されている。しかし、法律は支配できない。支配できるのは、人間である。法律は、論理的な機械として機能する非人間的なものではない。どのような理由づけをされるとしても、法とは、判事が法であるとするものにほかならない。立法府と裁判所は、どちらも人間が運用する制度である。多数派によって選ばれた政府が、自分たちの有権者に不利な判決が下されたとしても裁判所に従うのならば、「法の支配」といえる。

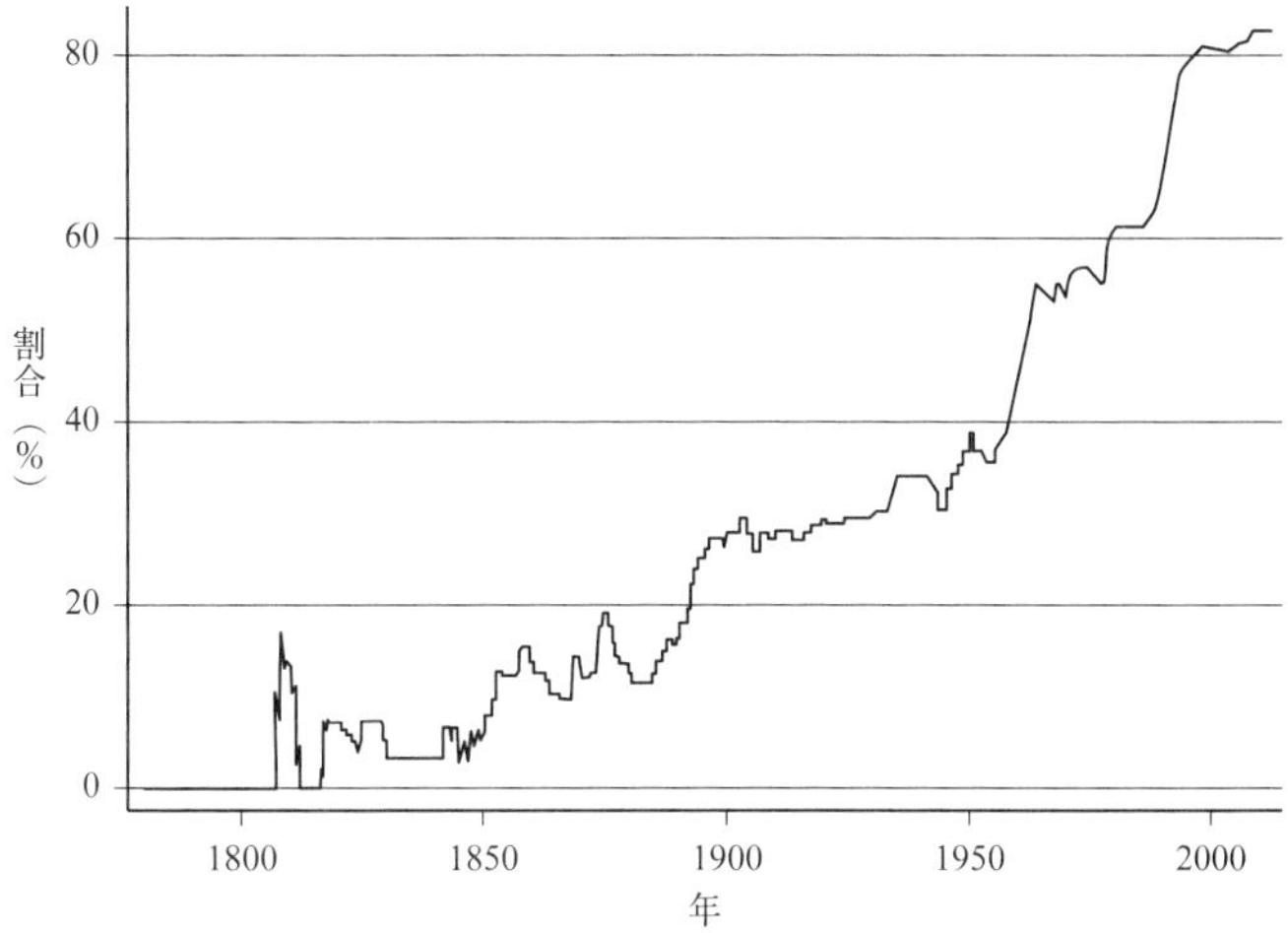

図 3－7　司法審査権を含む憲法

出所：Tom Ginsburg, and Mila Versteeg, “The Global Spread of Constitutional Review: An Empirical Analysis,” Working paper, University of Chicago Law School, 2012 から許可を得て複製。

「権利」とは、選挙がもたらす結果から保護される領域のことであり、これは、特定多数の賛成と特定の手続きを経ることでのみ変更可能な憲法の条項によって保証されている。このような、憲法で保護された権利には、市民的・政治的な自由が含まれる。しかし、手続きを経ない投獄からの保護以外でもっとも基本的な権利とは、過去だけでなく現在においても、財産権であることを忘れてはならない。憲法裁判所は、憲法上保護された財産権を侵害していると思われる多数決を無効にする権限を与えられている。この権限は、違憲立法審査として行使される場合もあれば、されない場合もある。たとえばアメリカでは、「カネとは言論である」[*2] との判決が下ることもあるが、そうでないこともある。しかしここで重要なのは、経済的に不平等な社会にお

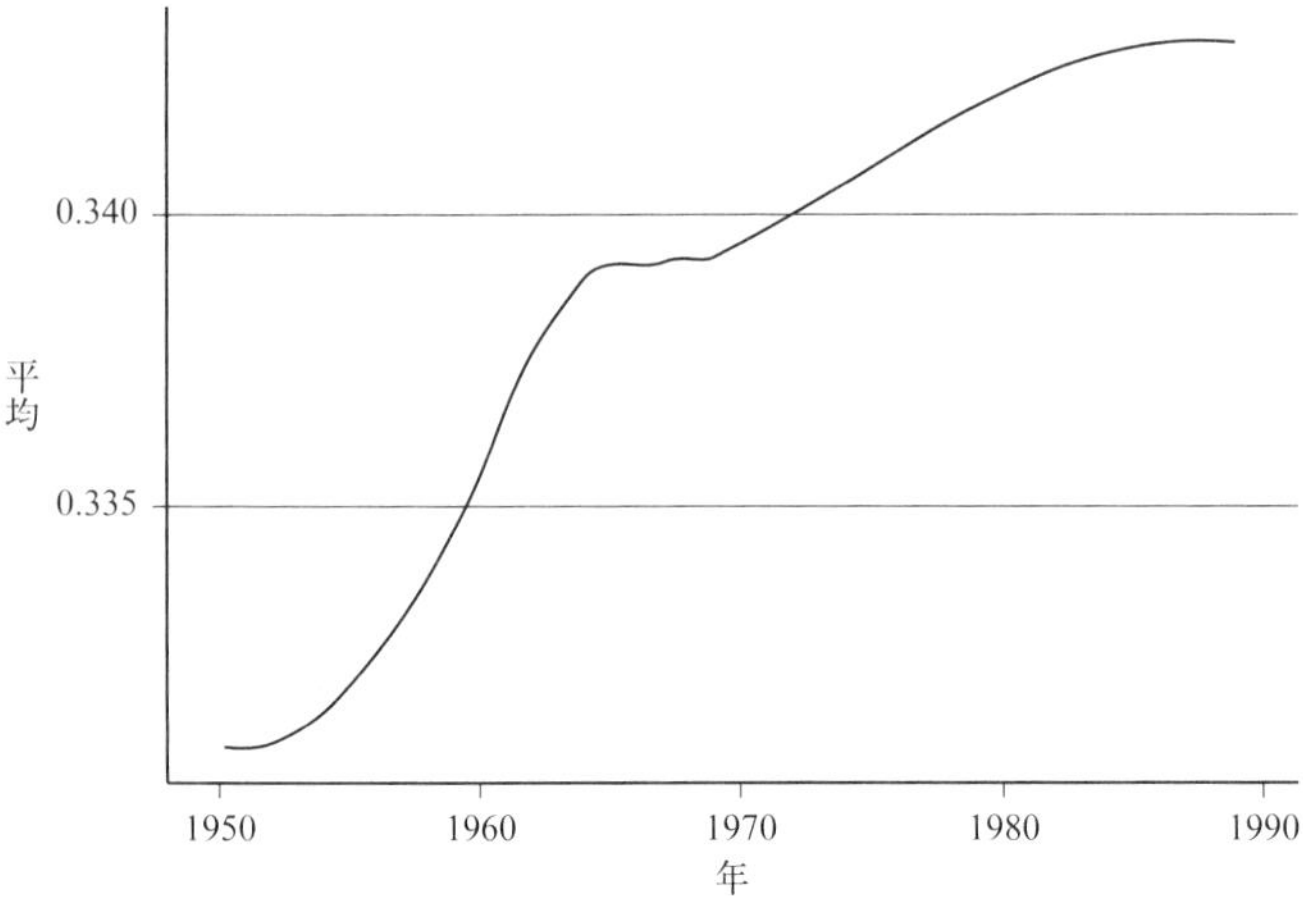

図 3－8　中央銀行の独立性

注：中央銀行の事実上の独立性尺度。Lowess 平滑化線を使用。
出所：A. Cukierman, S. Edwards, and G. Tabellini, "Seniorage and Political Instability," *American Economic Review* 82 (1992): 537–55 による。

いて憲法の保護を必要とする少数派とは、財産を持っている人びとだという点である。これに関する説得力のある証拠として、経済的に不平等な社会ほど違憲審査がおこなわれる傾向があるという分析が存在する[17]。

違憲審査の世界的な広がりは、一八五〇年から一九五〇年にかけては緩やかなものであったが、その後飛躍的に増えた。二一世紀の最初の数十年間で、八〇％以上の国での憲法が立法に関する司法審査権を設けている[18]（図３－７）。

一部の政策領域に関しては、一時的な多数派からこれらを保護するもうひとつの装置として、公選によらない機関への政策決定権限の委譲がある。そのもっとも重要な例が、選挙で選ばれた政府からは独立した中央銀行への金融政策権限の委譲である。これは、再選を目指す政治家が経済を操作すると、経済的安定を損なうかもしれないという主張にもとづいている。独立した中央銀行の台頭は司法審査権ほど顕著ではないが、図3－8から、中央銀行の政治からの独立度合いが長期に安定して上昇していることがわかる。

既得権益の破壊、揺り戻し、さらなる代替策

ここまで述べてきたことが、歴史の示すパターンである。つまり、選挙が急速に普及する一方で参政権は長いあいだ上流階級に制限され続け、参政権を拡大する効果は間接選挙や公開投票によって弱められていた。選挙に関連する制限は、歴史上、徐々に廃止されてきた。参政権は普遍的になり、まず男性に、次に女性に対して開放された。ほぼどの地域でも選挙は直接選挙になり、投票は法律にもとづく秘密投票になった。議会は一院制をとることが多くなっている。執政府による拒否権発動の頻度は低下していないが、司法審査から独立した中央銀行のような反多数派主義的な機関はより一般的になった。

ここまでの分析だけで拙速に結論は出せないとはいえ、これまでみてきた歴史を駆動させる論理とは次のようなものではないだろうか。現在まで続く多数派支配を阻止する強力な障壁の存在からすると、権力を握る者たちが妥協する条件というのは、権力を持たない者たちからの大きな脅威に晒されたとき、あるいは、権力を持たない者たちの一部と連合関係を組むことで自らの地位をいっそう高められると踏んだときである。これらの妥協は、政治的競争が拡大した結果として彼らの利権が脅かさ

れる場合には、一時的にせよ揺り戻しが起こりがちである。さらに、既得権益を守る壁が破壊されるたびに、エリートたちは自らの利益を守る代替策を見つけてきた。このサイクルが歴史上、何度も繰り返されてきたのである。

これまで述べてきた歴史的なサイクルの結果、富裕層の利益はより守りにくいものになっているのだろうか。いくつかの民主主義国では、経済的不平等は一〇〇年前のレベルに戻っている。第二次世界大戦後に起こった社会的・経済的な革新は、逆行とまではいかないにしろ、現在では停止している。また、選挙の結果が経済政策に及ぼす影響はますます小さくなってきている。一八三一年にグレイ伯爵は選挙権拡大の改革に関して議会で発言したが、彼には先見の明があったのかもしれない。「私の改革の論点は、革命の必要性を防ぐことである……この改革は現状を保護するためで、現状を覆すためではない」。選挙に経済的・社会的な関係を変革する力があるとは、ほぼ考えられない。

第4章　与党にとどまるための攻防

政治学の標準的な理論によれば、選挙では、政党がマニフェストと候補者を提示し、市民がどの政党を支持するか自由に決定する。自由で政治的に平等な市民は、政府を選ぶ権利を行使する。選挙とは「人民の声」の表出である。

しかしこの描写は、選挙の歴史において現職の敗北がごく稀であるという事実と、つじつまが合わない。現職が選挙で勝利する頻度は非常に高い。現職が立候補する場合、一七八八年から二〇〇八年の期間の二九四九回の選挙のうち二三一五回、つまり七九％（四対一のオッズ比）の確率で、現職が勝利していた。資料が入手できる選挙結果に関しては、ほとんどの場合、具体的には九二％のケースで、勝者も敗者も結果を受け入れ、勝者が役職に就くことで選挙の結果が遵守された。だが一部では、勝者が実際には就任しなかったり、不正への対処が終わって初めて就任したりするパターンがみられ

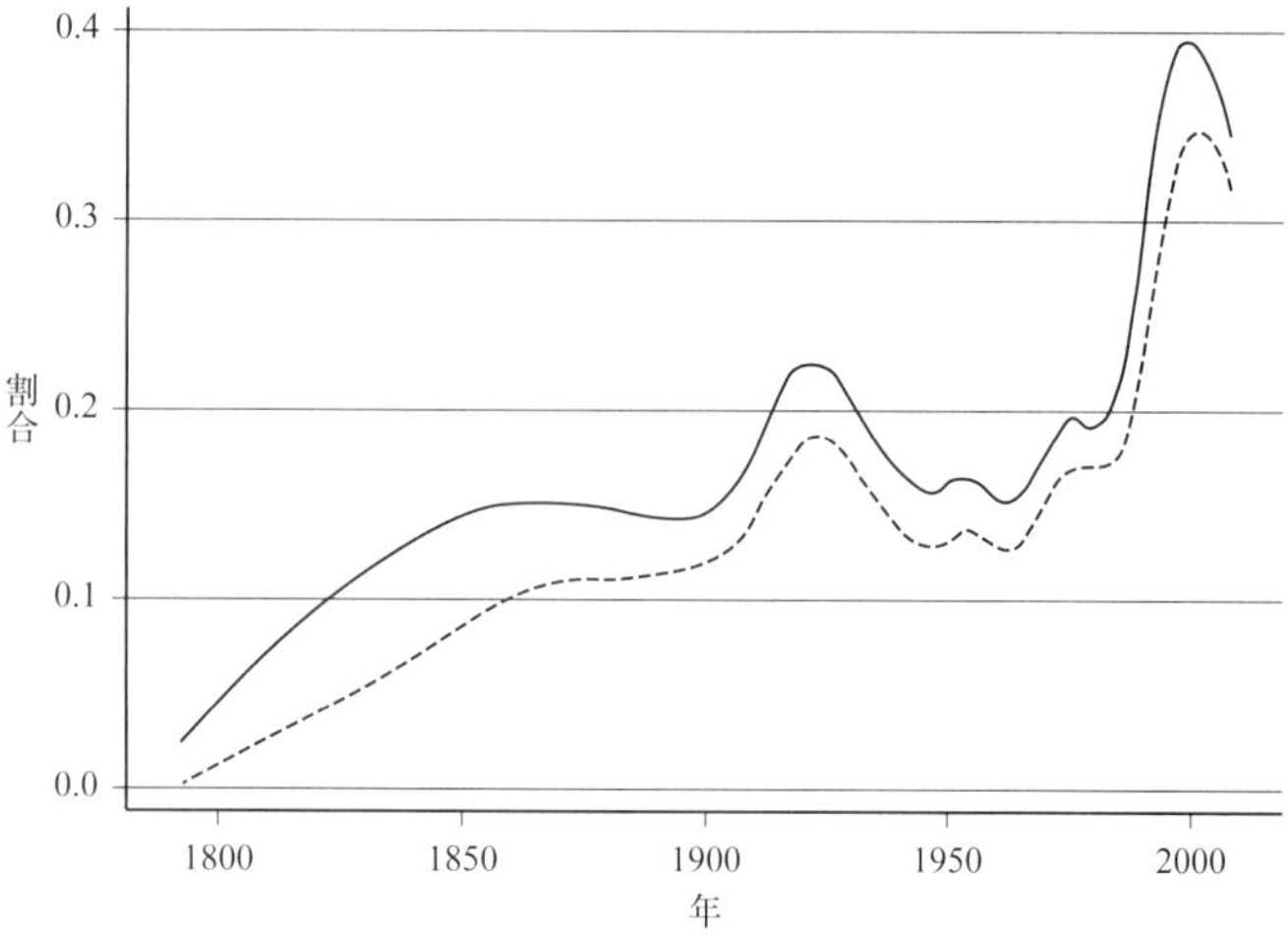

図4－1　現職が敗退した選挙と政権交代のあった選挙の割合
注：Lowess 平滑化線を使用。
訳注：実線は現職が敗退した選挙の，点線は政権交代のあった選挙の割合を示す。

る。したがって、選挙による政権交代は、現職が選挙で敗北するよりも稀である。入手可能なデータである二五八三回の選挙のうち、政権交代が起こったのは五四四回で、これは四・七五回の選挙につき一回という頻度である。

さらに、図４－１が示すように、現職の敗北や平和裡の政権交代がみられた選挙は、ごく最近の現象である。

これらは、私たちが選挙に対して持っている標準的な理解から期待されるパターンではない。多くの選挙で聞かれる声とは、人民の声ではなく、支配者の声、あるいは、支配者がその利益を守り促進しようとする人びとの声のようである。有権者が五回のうち四回は彼らを再選したいと本心から思うほど、現職は本当に活躍しているのだろうか。有権者の五人のうち四人は、メキシコのことわざにもあるように、未知の天使より既知の悪魔を好む、リスク回避主義者なのだろうか。現職がこれほど優位に立てるのは、有権者の自由な選択の結果であると考えるのは、まったく信憑性に欠ける。選挙はそれほど単純なものではない。投票日に起こることは、長期にわたる説得のプロセスの集大成であるだけでなく、多くの場合、操作と抑圧のプロセスの集大成なのである。選挙の日には、脅迫や不正が起こることもある。そして、発表された選挙結果が、選挙後のプロセスを決定づけるとは限らない。敗北した現職が負けを認めない場合もあれば、敗北した野党が執政府の建物を襲撃することもある。

選挙を理解するためには、選挙前、選挙中、選挙後に何が生じるかを理解する必要がある。くわえて、選挙中の出来事は、現職が選挙後に生じうると予測する内容しだいであり、同様に、選挙前の出来事は、選挙中に生じうることしだいである。次の選挙に負けたら手荒にその職から追い出されるかもしれない、と危惧している現職を想像してほしい。このような結果を回避するため、現職は、選挙をとりやめる、野党不在の選挙をする、野党が勝つ可能性をつぶすなど、打てる手はすべて打つだろう。これとは対照的に、私たちが栄誉にあずかっている一般的な選挙では、現職は、選挙に負けたとしても野党のリーダーとしての椅子を温めていればよいことを、次の選挙では現職の座に戻れる可能性もあることを知っている。したがって現職は、先に述べたような行為に出ることは避け、一時的な敗北を容認し、次の機会が実現するのを待つのもよいと考えるだろう。

分類や詳細については後述するが、競合する政党が、勝つ確率を最大化するためにとるだろう行動には、次のようなものがある。政党のリーダーたちは、「スミスは投票できるがゴンザレスはできない」、「ジョンは投票できるがジョアンはできない」などと互いに話し合うことができる。彼らは、交渉によって有権者を選べるからである。ニューヨーク州の民主党と共和党の現職議員は、「ゴンザレスを渡してくれればスミスをやる」といった交渉をする。その結果、彼らの再選率は九九％である。そして、「期日前に頻繁に投票する」人や、「墓場から投票する」人がいるため、選挙当日には投票者数が有権者数を上回ることもある。選挙の結果が発表される際には、現職の大統領が敗北した相手に向かって、「この野郎、お前は得票数で勝ったかもしれないが、俺は票のカウントで勝ったんだ」と言うかもしれない。ニカラグアの独裁者、アナスタシオ・ソモサがそう言ったとされるように。

安定した民主主義国に住んでいる私たちは、このような行為を途上国や新興民主主義国に限定された、常軌を逸した例外的なものとみなしている。だからといって、このような行為から目を逸らしてよいわけではない。抑圧、脅迫、選挙制度の操作、国家機関の乱用、不正は、選挙に勝つための常套手段である。現職は、選挙の結果を完全にコントロールすることはできないが、負ける確率を最小限に抑えることができ、実際そうしている。投票の歴史だけで七四七ページにわたる本が書かれているが、このことは、選挙制度の些細な違いが選挙結果に十分大きく影響することを示している。実際、選挙での競争を阻害する細かい規定は枚挙にいとまがない。

このように、選挙の結果は人民の声というよりも現職の声のようだ。スペイン語圏ではこれを通常、いいいい政府が選んだ政府と呼んでいる。たしかに、右で述べた常套手段が利用できるかどうかは、その国の制度的・政治的な文脈によって異なる。政治的に独立した選挙管理機関がある場合や、選挙管理機関の活動や選挙結果が実質的に独立している裁判所によって検証される場合、あるいは、権力を乱用した場合の民衆の反応を現職が恐れている場合には、現職による職権乱用は制限される。しかしほとんどの場合、現職は勝敗に影響を与える方法を見つけることができる。選挙公約と同様、彼らの過去の政治実績は重要であるが、現職がこれほど頻繁に勝利するのは、彼らが挑戦者が利用できない手段にアクセスできるからだ。これらの手段があっても、右で述べたような常套手段に訴えることから現職を解放するわけではない。せいぜい、クライエンテリズム（恩顧主義）的な施しや、票の買収などに努力が向けられるだけである。たしかに、野党もまた、勝つためのさまざまな対策に打って出ることもできる。それでも、現職は有利である。

与党現職は、立法府の多数派を構成し官僚機構を指揮しているため、優位性を保つことができる。ときには独立した裁判所によって制限を受けることもあるが、立法過程をコントロールしているので、与党に有利な形で法案を通過させる手段を使える。その一方で、表向きは党派的ではない官僚機構の長として、これを党派的な目的のために利用することもできる。また、弾圧機関を支配下に置くことは、すべての、あるいは一部の反対派を弱体化させるうえで、とくに重要である。現職が有利であるもうひとつの理由は、資金供与の見返りとして政治的な優遇措置を与えられることである。そして、すべてが失敗したときには、選挙不正が最後の頼みの綱となる。これらの手段が使用できる状態、実際に使用される状態では、複数の政党が参入する選挙であっても、競合的ではなくなってしまう。以下では、これらの論点を詳述し、例を用いて説明を加える。

投票することと選ぶこと、そして反対派

投票とは、誰かの名前を伝えたり、手を上げたり、特定の用紙を箱の中に入れたり、レバーを引いたり、タッチスクリーンを操作したりする物理的な行為である。しかしこの行為の政治的帰結は、国や時代によって大きく異なっている。投票することと誰かを選挙で選ぶことは、同じではない。実際、両者には何の関係もないのかもしれない。

どのような政治的秩序を形成するにあたっても、重要な点は、政治的反対派の存在を許すかどうかである。リチャード・ホフスタッターはこのように言う[1]。

彼ら［アメリカ連邦憲法の起草者たち］は、その任務を始めると、実に闊達に自由に関するあらゆる点を議論しており、自由には政治的対立の余地が必要であることをわきまえていた。しかしながら、反対派がどのような位置づけであるべきかはまったく理解されていなかった。なぜなら彼らは、社会的統一や調和も重視しており、組織化された政党となった場合の反対派が、調和を致命的に打ち砕くことなく自由を維持する可能性があるという見解まで到達していなかったからである。

このような見方は、公選の地位を得るための競争ができないことを意味するものではない。しかし、たとえ競争があったとしても、この時代の選挙では、選挙区ごとに公約も政党ラベルもまったく異なる人びとが立候補していた。現代風にいえば、誰もが「無所属」として出馬していた。誰かが現職と競争する権利があるかどうかは問題ではない。問題は、選挙と選挙のあいだの期間に政府を批判するために人びとが発言して組織を作れるかどうか、そして、人びとが政党を結成して選挙に参入できるかどうか、という二点である。

代議制における政府は支配者が選挙を通じて権限を持つべきであるという理論ができあがっている一方で、選挙と選挙のあいだに有権者が果たすべき役割については、かつても今も曖昧である。ジェイムズ・マディソンは、アメリカと古代の共和国の違いは、「人びとが、集団として政府に参加しないよう、完全に排除されているかどうかである」と指摘した。[2] 彼は言葉どおり、「一時的な過ちや判断の誤りへの防衛策として」人民は代表に統治を任せておけばよい、と考えていたようである。フランス革命期の立法議会が一七九一年に出した最後の法令は、次のように規定している。「いかなる協会、団体、市民組織も、いかなる形によっても、政治的な存在にはなりえず、また、既成の権威や法的権威による行為に対していかなる種類の監査も実施することはできない。いかなる口実のもとでも、請願や代理者の申請、公的儀式への参加、その他の目的のために、団体名で活動することはできない」。ここまで極端ではないが、ヨーゼフ・シュンペーターは、有権者に関して「いったんある人を選出すれば、政治活動は有権者のものではなく、政治家の仕事になることを有権者は理解しなければならない。これは、有権者が政治家に何をすべきかの指示を控えるべきことを意味する……」と論じる。(3) また、ウォルター・リップマンは一九五五年に、市民の義務は「公職者を選ぶことであって、公職に就いている者に指示を出すことではない」とした。(4) マーガレット・サッチャーに言わせれば、「あなたは選ぶ機会があり、私を選んだ。こんどは私が統治するので、あなたは黙っていればよい」ということだ。

第一次世界大戦の終わりころまでは選挙権獲得が政治的闘争の中心であったが、二〇世紀には、選挙と選挙の合間に組織を作って次の選挙で争う権利があるかどうかが、政治の中心的な課題となった。一九世紀のラテンアメリカでは選挙は競合的でないものがほとんどで、散発的に反対派の弾圧がおこなわれていたが、この弾圧はたいてい長続きしなかった。力ずくで政権を握った者たちのなかには、野党をすべて追放して選挙を実行した者もいたが、そのような選挙は、特殊な状況下で必要とされる、例外的なものであると宣言されることがほとんどであった。恒久的な政治形態として野党なしの選挙を実施するという考え方は、一九世紀以降のものであり、このような選挙は、一九三四年にイタリアで、一九三六年にソヴィエト連邦で初めておこなわれた。ウラジーミル・レーニンの発明した一党制は、第二次世界大戦後、ソ連支配下の国々や、アフリカやアジアの多くの独立国で広まった。

反対する権利は、それを求めることで初めて得られるものであり、脆く、逆行することもある。また、自分のためには反対する権利を主張するすべての人びとが、自分が反対される側になることに寛容なわけではない。ロシアの歴史はこのことを物語っている。反対する権利は、一九〇五年の革命のあとで制度化されたが、ボルシェヴィキが憲法制定会議のための選挙で敗北した後の一九一八年には、その制度はなかったことにされた。一九九一年に共産主義が崩壊した際にはそれが回復されたものの、現在はふたたび消滅の危機にある。

ホフスタッターによる「組織化された反対運動とは、本質的に破壊的で違法であるというのが政府の通常の見解である」(5)という分析は、こんにちでも通用する。政府の政策に反対することが必ずしも反逆や妨害を意味しないという考えは、一八二八年に英国議会でおこなわれた演説において初めて認識された。しかし、どのような種類の反対なら体制に従順で、どのような種類の反対だと破壊的なのだろうか。政府の政策への反対は、代議制の制度的枠組みに則っておこなわれなければならないのだろうか、それとも、人びとは好きなように反対できるのだろうか。インド憲法の父、ビームラーオ・アンベードカルは、市民の不服従に関し、植民地支配下では適切であるとみなす一方で、民主主義のもとでは憲法を無視する「無政府状態を示している以外の何物でもない」と考えていた。代議制の創始者たちは、これらの問題に対して非常に曖昧な態度をとっており、こんにちの私たち以上に明快な答えを持っていない。民主主義体制のもとでは表現の自由や結社の自由に関する権利が認められているが、これらの権利は希薄になってきている。たとえば、元イギリス首相のデイヴィッド・キャメロンが学生によるデモに対して、「抗議活動は民主主義の一部だが、暴力や犯罪はそうではない」と繰り返し述べており、どこまでが正当な反対運動といえるのかについては日々試されている。

すべての支配者は、権力の座から引きずり降ろされることは避けたいと考えている。このような支配者は、反対派勢力の発生を防止したり、選挙と選挙のあいだの野党の活動を妨害したり、現職の地位を利用して選挙結果を操作したりできる。しかし、あまりにも露骨なことはできない。選択肢のない選挙では、統治者は人民に対し最善を尽くしているのかどうかの真偽は隠されたまま、人民による統治がなされている、と主張される。これは、支配者が選挙で選ばれていないときにおこなわれる主張と同じものである。支配者は国民から支持を得ていると常に主張するが、彼らが負ける可能性のある選挙だけがこの主張を検証でき、信憑性を与える。反対派の制限と、選択の自由があると有権者に信じさせることとのあいだでバランスを取るのは、薄氷を踏むような行為なのである。

現職が利用できる手段

選挙制度の操作

選挙には、誰が投票できるか、投票が直接か間接か、秘密投票か公開投票か、義務投票制か否か、票がどのように集計されるかなどを規定するルールが不可欠である。そしてこれらのルールは、選挙結果を左右する。投票用紙の色や形、投票所の場所、投票がおこなわれる曜日といった細かなものでさえ、結果を左右する。そうしたことから、選挙はほとんどの場合操作されている。「操作されている」とは、ルールが与党多数派の利益になるよう作られていることを意味する。だが、これらのルールは法律として採用されており、いくつかのルールの採用は、選挙が確定的な手続きであるために必要である。

さまざまな国際機関が選挙を評価する際の基準のひとつとして使用する「公平さ」の判断は難しい。たしかに、与党議員の行為は、特定のルールが彼らに有利になるよう考案されてきたことを誰もがわかってしまうほどに、露骨なこともある。サラマンダーというサンショウウオの名前にちなんだ選挙区のいびつな線引き〔ゲリマンダー〕は、アメリカ人の日常語の仲間入りをしている。日曜日に選挙を実施するほとんどの国とは異なり、アメリカの選挙が平日におこなわれることは公正でないといえるだろうか。選挙は、どこかの日付でおこなわれなければならない。なぜ日曜日ではなく火曜日に開催するのが、公正ではないのだろうか。仕事のある日に選挙をおこなうと、貧しい人びとの投票が難しくなり、裕福な人びとが支持するとされる政党に有利になる偏りが生じる、という主張があるかもしれない。しかし、選挙が日曜日におこなわれた場合、富裕層は投票には行かずに別荘で一日を過ごすため、富裕層が支持しない政党に有利になる偏りが生じるかもしれないのである。この難問は哲学的には解決できると思うが、事実として重要なのは、選挙に関するルールは結果を左右すること、選挙はいくつかのルールに従っておこなわれる必要があること、そして、現職はこれらのルールに対して不釣り合いに大きな影響力を持っていることである。

選挙に関するルールは、憲法上の規定、通常の法律、政令、または行政命令など、国によりさまざまなレベルで構成されている。これらのルールは、憲法の規定にもとづいて採用され、誰に対しても等しく適用され、事前に公表されるものなので、法規範を構成する。このため、選挙ルールは裁判所による違憲審査の対象になることもある。一八七五年以来、フランスで選挙制度（得票結果を議席数に変換するルール）が一回も変わったとすれば、それは、憲法上改正の権限を与えられている歴代の多数派が、適切な手続きを踏んで法律を可決したからである。憲法やそれに相当する基本法に対して、どの程度までその時点の多数派に選挙ルールを決める裁量が与えられているかは、さまざまに異なる点に注意してほしい。フランスの選挙制度は、他の一部の国とは異なり、憲法に組み込まれているのではなく、通常の法律で規定されている。いずれにせよ、ルールの操作は、衆人環視のもとで公的におこなわれる。これらの法律は「公正ではない」かもしれない。たとえば、一般有権者投票でより少ない票を獲得した者が勝者と宣言されるのは、公正ではないかもしれない。それでも、法律は法律である。

選挙ルールは法規範を構成するので、普遍的かつ公正な外見を保つ必要がある。海外在住者にも選挙権が与えられるのは、実際の理由は現職への投票が期待されるからであったとしても、権利という名のもとで正当化される。アメリカの有権者身分証明証は、たとえ貧困層の投票をより困難にすることが意図されていたとしても、不正を避けるための措置であるとして説明される。二〇〇七年のロシア議会選挙の前に、議会は選挙を規制する二二の法律を可決し、そのうちのひとつは「ネガティブキャンペーン」を禁止した。たしかに、ネガティブキャンペーンは気分を高揚させるような行為ではないが、プーチン派議員にとって、それは単に政府批判を意味していた。

このようなルールを列挙しても無意味かもしれない。というのも、枚挙にいとまがないからである。

ルールの主なものは、誰が競争し誰が投票できるかに関する規則、選挙区の線引き、選挙活動資金やメディアへのアクセスを制限する規則、得票数から議席数への換算方法などである。また、結果にはそれほど影響がないと思われる無数の細かな規定も存在する。

結局のところ、十分な多数派をおさえ、司法や他の独立監視機関を尊重しなくてもよい現職は、選挙操作だけに頼って選挙に勝てることになる。もし勝てないとすれば、その理由は、どのようなルール下でも負けてしまうほど不人気であったか、誤算があったかである。

国家機構の党派的利用

一八八一年から一八八六年にかけてチリの大統領を務めたドミンゴ・サンタ・マリアは、「価値のない人びとや、分別なく情熱に走る政党に投票権を与えること、ましてや普通選挙を認めることなど、支配する者にとっての自殺であり、私はキメラを前にして自殺行為をおかすことはない」と、臆面もなく認めた。これは、「私の管轄下にあるすべての者は、その職を維持したければ、政府を支持する国会議員の選挙のために、自らのできる範囲で貢献しなければならない」という回覧を一八二二年に発行したフランスの首相、ジャン＝バティスト・ド・ヴィレールの見解でもあったに違いない。これほどあからさまなものは例外的であるが、選挙のために国家機関を道具として使用する慣行は以前から各地でみられる。

党派的な政治と普遍的な行政との緊張関係は、国家の組織構造に組み込まれている。選挙で選ばれた政治家の持つ目標には、普遍的、党派的、そして個人的なものの三種類があるといえる。彼らは国の発展を望んでいるのかもしれないし、公職にとどまりたいと思っているのかもしれないし、あるいは、自らの野望を持っているのかもしれない。普遍的な利益は政治的選好を越えて共有されているが、党派的な利益は、公職を獲得・維持しようとする他の政党政治家たちとは相容れない。個人的な野心は、同じ党の政治家との競争を招く。だが、政治家が政党に忠誠を誓い、またその政党が選挙に勝てば、彼らは昇進できる。したがって、政治家はこれら三種類の目的のうち、党派的な利益を優先するインセンティブを持つ。

しかし、選挙で選ばれた政治家は、公的な決定を実行に移す者ではない。すべての国家では、政策実施はそのための専門機関、つまり官僚機構に委任されている。国家官僚機構は、選挙で選ばれた政治家による決定を実行することになっている。官僚機構は、政治から自律的であるとはされていないが、党派性はないことになっている。このような状況は、官僚機構を相反する圧力にさらしている。もしも官僚機構が与党政治家の決定を実行するならば、それは党派的な優位性を強化するための道具といえる。逆に、自律的であれば、官僚機構は一般国民のための機関ではなくなる。理想的なのは、党派的な政治家のための道具になることなく、国民全体の利益のために働き、政治家の決めたことを実施する官僚機構であろう。しかし、この最善の状況は実現不可能だ。

数年前に私がシカゴに住んでいたころ、車のタイヤが夜の寒さで凍結したことがある。市役所に電話したが何の解決にもならなかった。数日待った後で——冬のシカゴでは氷が溶けない——機転の利く私の妻は、民主党の地区担当者に電話をかけた。担当者は、われわれが前回の市政選挙では投票に行っていないことに触れながらも、数分後には玄関の前にいた。私たちは彼に、民主党員であることを示し、次の選挙で投票することを約束した。そして一時間後には、市の職員が車のタイヤについた氷を割ってくれた。党派的な利益のために、官僚機構が公共サービスを選択的に提供して私と妻の票を買った一方で、同じ市内の共和党が優勢な地区の有権者は、どれほど急を要する案件があっても、市政に悪態をつくことしかできなかった。

多くの国では、このような話は「クライエンテリズム」、「ネポティズム」といったラベルですぐに理解されるだろう。金銭、サービス、仕事などの公的資源と、与党のための仕事や票の買収との交換は、官僚が党派的政治家の代理人であるからこそ可能になる。代理人の雇い主は選挙で選ばれており、表向きは党派的ではない官僚に対して、雇用の継続、昇進、給与、親族への優遇などを通じ、党派的に忠実になるよう働きかけることができる。たしかに、党派的である雇い主は、官僚の有能さと党派的な忠誠心とを天秤にかける必要がある。再選が政府のパフォーマンスに依存している状況では、政治家は代理人が有能であることを望んでいる。だが、再選が党派的な努力に依存している状況では、政治家は代理人が忠実であることを望んでいる。とはいえ、能力に応じて採用されようが、純粋に党派的に採用されようが、公務員は選挙で選ばれた上司から党派的に行動する圧力にさらされている。官僚機構は法令によって保護されていたとしても、何かあったときに官僚にできることは、内部情報を公にすることだけだ。しかし、内部告発は、政治家への監視手段としては有効ではない。

官僚機構のなかには、重要なものとそれほど重要ではないものがある。安全保障に関わる機関、とくに諜報機関を配下に置くことは決定的に重要である。忠誠心をともなった諜報機関は、与党政治家にとって強力な道具となる。首相の手強い政敵に対して、同性愛を理由に裁判所が首相に忠実な有罪判決を下したマレーシアのように、司法の統制も価値のある手段である。また、プーチン政権下のロシアで潜在的な政敵を脅迫したり投獄したりするために広く使用されている徴税機関も、頼りになる道具である。さらに、規制取り締まりに関連する諸機関も、政敵に的を絞った執行をおこなうことができる。これらの手段を用いて、与党は合法性を前面に出しながら野党の活動を妨害できる。民間から物品やサービスを購入する調達機関を与党に有利に統制することで、政治的支持を得る可能性が開ける。インフレ率や貧困率などの経済指標を収集・公表する機関の統制は、常に成功するとは限らないまでも、政府政策の失態を国民から隠すことができる。

メディア統制もまた、強力な武器のひとつである。ラジオやテレビが登場する以前は、メディア統制の標準的な手段は、特定の新聞に多大な広告料を払って政府広報をすることだった。一方、公共のテレビ・ラジオは通常、党派的中立性を守るという使命を持つ、名目上独立した機関によって規制されている。しかし、新政権が誕生するとこうした機関の人員構成が変わることが多いという事実が裏づけるように、このような機関の独立性は名ばかりのものにすぎない場合が多い。さらに、一九九六年以降のスペインにおける民衆党政権や、二〇一一年のアルゼンチンにおけるクリスティーナ・キルチネル政権のように、政府は、反政府的な民間メディアを経済的に弱体化させるために規制権限を使うことができる。

現代の裁判所や世論の前では、そのような行為を、一九世紀のドミンゴ・サンタ・マリアやジャン＝バティスト・ド・ヴィレールの時代のように、オープンにすることはできない。しかし、内密におこなわれている場合には、発見が難しい。ザンジバルの選挙管理の役人は、野党支持者の多いことで知られている投票所に蜂の巣を巧妙に設置した。アメリカ最高裁が大学生はキャンパスで投票できると決定したとき、ミシガン州アナーバーの共和党幹部は、キャンパスから遠く離れた場所や、公共交通網から外れた場所に投票所を配置した。

党派的な目的のために国家機関を使用することは、繊細な芸術のようなもので、やりすぎないようにしなければならない。たとえば、S・コリアーとW・セイターは次のように報告している(6)。

票の操作をして与党を勝たせることは、役人の重要な仕事である。……しかし、ときとして行き過ぎてしまう者もいる。……コルチャグアの若き地方行政長官だったドミンゴ・サンタ・マリアは、「先に引用した大統領の」「どんな手を使ってでも選挙に勝て」という指示を少々熱狂的すぎる形で解釈し、これが政敵の知るところとなって大統領解任の口実を与えてしまった。

一八七二年のスペインでは、「選挙が自由であると見せかける」ために、政府は野党の票を膨らませた。一九六〇年に韓国の選挙当局は、李承晩大統領が選んだ後継候補の得票が一〇〇％であると報告したところ、七五%に縮小するよう指示された。

抑　圧

反対派を弾圧するための暴力や、暴力に訴える脅迫は広くおこなわれてきたが、このような抑圧の範囲は実にさまざまである。反対派の組織化を防ぐために使われる場合もあれば、すでに組織化されている反対派を潰すため、特定の政治勢力の選挙参加を邪魔するため、あるいは、ある種の思想や反対派を、公共の言論空間から排除するために使われる場合もある。

反対派集団の出現を防ぐための抑圧は、選挙時に限定されず、恒常的におこなわれている活動である。これがうまく機能している限りは脅しだけで十分であり、選挙前に圧力を強める必要はない。確立した一党支配体制では、ときどきは大衆デモが起こるかもしれないが、通常の政治は平和裡におこなわれている。有権者の九九%が票を投じ、与党が九九%の票を得る選挙は、共産主義体制では恒例行事であった。

しかし、いちどある種の反対運動が公に出現すると、抑圧は容赦ない武力をともなうようになる。反対派の指導者は、殺害、投獄、あるいは追放の憂き目にあう。最近の政治学研究は、すでに存在する野党グループに対する政府の干渉や、抗議運動への対応に分析が集中している。しかし、このような状況は、抑圧がそもそも効果的でない場合にのみ発生し、抑圧的な体制の失敗を示しているのである。ラテンアメリカの歴史では、現職が権力を乱用した選挙は、しばしば「革命」の名のもとでおこなわれる武力反乱を引き起こした。近年では、不正がおこなわれたとみなされる選挙に対する非武装の大衆抗議は「色の革命」と呼ばれる。このような場合には警察だけでは対応しきれず、軍が介入することが多い。

すべての反対派を弾圧することは、政権維持のためには必ずしも必要でない。支配者の多くは、より選択的である。政党化して競争できる政治勢力を選ぶ一方で、一部のイデオロギー、政党、個人に対しては政治的競争を許さない。コートジボワール、ケニア、ザンビアでは、もっとも人気のある野党政治家の立候補を防ぐために、国籍要件が意図的に導入された。前政権の要人が政界から追放されたケースもある。イランでは、候補者はすべて宗教的指導者の承認を受けなければならない。お飾り的な反対派の存在は、現職の勝利にある程度の信憑性を付与するので、しばしば容認され、ときには奨励される。ブラジルの軍政では、軍が政府お墨付きの野党をつくった。しかしその後、この野党の候補が選挙で勝ちはじめ、実際に反対勢力となってしまったのだが。またプーチン大統領は、一部の反対派は弾圧しつつも、共産党の議会への参入を奨励した。彼らは、プーチンの権力を脅かさずに、反対派らしい様相を呈するのに十分だった。一般的には民主主義とみなされている国でさえも、反民主主義とされる勢力を禁止することがある。

このような抑圧の方法は、露骨で、ときに残忍である。しかし、非常に見つけにくい抑圧もある。リチャード・デイリー市長の在任中、シカゴ市議会は遵守できない建築基準法をわざと採択した。これを利用して、民主党の集票マシーンは選択的に反対派に嫌がらせをすることができた。フランスのニコラ・サルコジ大統領は、彼の敵対候補となる可能性のあった社会党のセゴレーヌ・ロワイヤルの私生活に関して、きのういくらのドレスを購入したかといった詳細に至るまで、警察署長に毎朝報告させていた。リチャード・ニクソン大統領は、ヴェトナム戦争反対派への嫌がらせのために、麻薬局および内国歳入庁を利用していた。このような微細な抑圧が蔓延しているのではないかと私は疑っているが、それらは隠されているので、証拠を摑むのは難しい。

選挙資金の調達

政治にはカネがかかる。これは避けられない事実である。政党は、オフィスを維持し、選挙キャンペーンをはり、世論を調査し、支持者を投票させ、投票先が決まらない人を説得するために、資金が必要なのだ。また、会議室のレンタル料、交通費、パンフレット印刷費、テレビ広告料といった費用も賄う必要がある。そのため、可能な限りどこからでも資金を工面しようとするのはごく自然なことだ。

政党は、資金があるところでのみ、政治資金を見つけることができる。資金の一部は国家予算であるが、多くは民間が資金源である。政治へのカネの流入を「汚職」として矮小化すべきではない。たしかに、汚職スキャンダルはよくあることだ。たとえば、首相官邸で現金が詰められたスーツケースが発見されたり、政党がスイスの銀行口座を持っていることが判明したり、地方自治体が出入りの業者と組織的な談合スケジュールを組んでいたり、といった事例は枚挙にいとまがない。さらに、このような不祥事は、決して発展途上国や新興民主主義国に限った話ではない。これらの例は、ドイツ、スペイン、フランス、イタリア、ベルギーで起こったことだ。しかし、金銭の政治的役割を「汚職」に還元することは、深い誤解を招く。「汚職」として概念化されると、金銭の影響力は何か常軌を逸した異常なものということになってしまう。利害関係者が議員や官僚に賄賂を贈る場合、その国の政治は汚職にまみれているとみなされる。しかし、同じ人びとが合法的に政治献金をしたときには何ともやかく言われない。ブラジル労働者党（ＰＴ）が政権与党だった際に国営石油会社ペトロブラスに対しておこなったように、政府与党が公共部門から資金をくすねた場合、私たちはそれを汚職であると考える。しかし、ブラジルの当時の野党のように、政党が民間企業からの出資を受けている場合は、そのようにみなさない。政党として存在し、選挙に参加するため、政党には資金が必要である。選挙結果は民間の事業者の利益に影響するので、当然のことながら、彼らは政党と親しくなり、選挙結果に影響を与えようとする。つまり、本質的に重要なのは、この政治的競争の論理である。同じ行為が国によっては合法だったり、別の場合は違法であるということは、たいして重要ではない。たとえばアメリカでの政治資金調達行為は、ほとんどの民主主義国では汚職となるだろう。政治へのカネの浸透は、選挙の持つ構造的特徴である。

政治資金に関する情報はあまり多くない。これは、現象の性質にある程度起因している。合法かどうかを問わず、金銭は不透明な方法で政治のなかへ浸透していく。全米民主国際研究所（ＮＤＩ）が二二カ国で実施したサーベイ調査の結論は、「政党や選挙運動での資金の詳細は、ほとんど知られていない。政党の資金調達パターンはきわめて不透明である……」というものだ。選挙資金の研究から浮かび上がってくる主な事実は、より多くの資金を受け取り、より多くの資金を使う候補が勝つということだ。この事実は、少なくともアメリカ、ブラジル、チリ、フランス、日本、韓国、ウルグアイで観察されてきた。そして、現職は新人よりも民間から多くの資金を得ている。

しかし、現職が勝つのは、彼らがより多くの資金を使うからだという結論に飛びつくべきではない。カネが票を買っているのか、それとも票がカネを生むのか、どちらなのかが問題なのだ。さらに、もし前者だとしても、どのようにカネが票を買うのだろうか。それは、政治広告が有権者の好みを変えるからなのか、「影響を受けやすい」有権者がいるからなのか、それとも選挙キャンペーンへの寄付金が登録活動から交通手段の提供まで多岐にわたる政党の活動資金を提供するので、支持者を投票所に運ぶことで投票率に影響を与えるからなのだろうか。カネは誰の票を買うのだろうか。投票先が決まっていない人の票か、それとも投票所には行かないであろう人の票か。現在までのところ、キャンペーンで投下される金額の多寡が得票に与える効果については、研究者間での合意は得られていない。

これらの因果関係がどれほど複雑となりうるかを理解するために、ジーン・グロスマンとエルハナン・ヘルプマンの研究を紹介しよう[7]。彼らは、アメリカにおいて、利益団体からのカネが買うのは政党の公約か、あるいは有権者の票なのか、どちらなのかを峻別しようとする。彼らの想定は次のようなものである。政党は議席の過半数を獲得する可能性を最大化し、利益団体はそのメンバーの福祉を最大化しようとする。有権者は二つのタイプに分けられる。戦略投票をするタイプの有権者は自分の利益を優先し、影響されやすいタイプの有権者はキャンペーン広告に影響を受ける。利益団体は選挙活動に献金し、政党は政策を選択し、有権者は投票する。この資金は二つの役割を果たすことができるので、必ずしもこの順番である必要はない。利益団体の好みに合わせた公約を発表するよう政党を誘導するためにキャンペーンの早い段階で献金するか、または、公約が発表された後に利益団体の政策に近い政党に投票させる方向へ有権者を誘導するために献金できる。これらの基本設定から彼らが得た理論的結論は、次のとおりだ。

一、公約に影響を与えるために、利益団体は民主党・共和党どちらの党にも資金を拠出するが、勝ちそうな事前予測が出ている政党により多くの資金を拠出する。
二、一の結果として公約が同じになれば、どの政党が勝つかに関して利益団体は無関心であり、追加の資金拠出はしない。
三、一の結果として公約が異なる場合、利益団体は、自分たちの利害に近い政党に有利になるよう選挙情勢を誘導するために、追加の資金を拠出する。

グロスマンとヘルプマンは、「全体的にみて、献金は、政党の公約に影響を与えることと、おそらく選挙の勝率を上げることとの両方によって、実施される政策を公共の利益から遠ざける」(8)と結論する。しかし結局のところ、これらの複雑な分析は基本的な事実を変えるものではない。利益団体が自らにとって好ましい政党を当選させようとするにせよ、好ましい政党ではないが将来の与党との関係を確保しようとするにしろ、政党や政治家の金庫へ私財が流れている。すでに人気のある現職の選挙キャンペーンに資金を提供する効果は、挑戦者に資金を提供する場合よりも低いとしても、結果として現職はより多くの選挙活動費を得る。これは、現職の勝率が高いため、あるいは、利益団体が現職にその地位にとどまることを望んでおり、その現職をすでに手なずけているためである。政治資金の規制がもたらす影響は大きい。アメリカでは、選挙キャンペーン支出の上限撤廃により、共和党の得票率が上昇し、より保守的な候補者の当選につながった(9)。個人献金の可否や報告内容の透明性要件についても国によって大きな違いがあり、その違いは決定的なものであるように思われる(10)。しかし、カネが政治に潜り込むための不透明な方法は無数にあるので、選挙にカネが絡まないということはおそらくありえない。対立候補者の参入に資金を提供するという脅しは、実際には金銭が使われていなかったとしても現職を揺さぶるのに十分であろう。

不　正

不正は、失敗の証である。それは最後の手段であり、ほかのすべての手段が失敗したときに使われる。不正と選挙操作は同じではない。操作とは、現職が再選される確率に影響するルールを設定することである。不正は、たとえ偏ったルールの場合でも、公式ルールの違反である。ウォーターゲート事件のように、野党の事務所に侵入して秘密事項を盗むのは、窃盗に関する一般的な禁止事項に違反するため不正である。票の買収が禁止されている場合、これは不正行為に該当する。天国へ旅立った人たちの票を、彼らに代わって投じるのも同様だ。不正の技術は多様性に富んでいるが、そのほとんどすべての形態の不正行為は秘密裏におこなわれている。現職は不公平なルールをつくるかもしれないが、そのルールに違反しているところを目撃されることを良しとはしない。

たしかに、不正と操作の境界線はつかみにくい。現金で個人票を買うのは不正だが、選挙前夜に景気を押し上げるのが不正である必要はない。二〇〇六年のメキシコ大統領選挙では、敗北した候補者は声高に不正にあったと主張した。彼の不満のほとんどは何の根拠もなかったが、どれほど不正と操作の境目が曖昧であるかを示しているものもある。メキシコの憲法では、現職の大統領が自身の後継者のために選挙活動をおこなうことが禁止されており、ビセンテ・フォックス大統領は繰り返しこの禁止事項に違反していた。

不正はまえもっての準備が必要なため、簡単な操作ではない。エドゥアルド・ポサーダ＝カルボは次のように強調する[11]。

選挙における不正行為は、微細なものからそうとはいえないものまで、いろいろな段階で可能である。これは、選挙人名簿の作成段階から始まる。つぎに、可能な限り多くの有権者を登録する段階、選挙管理委員会の構成や投票所での陪審員の選出に影響を与える段階、投票日に最大数の有権者を動員する段階、都合のよいときには特定の有権者リストを無効にする段階、そしてもちろん投票箱に票を詰める段階がある。それぞれの段階に特有の「トリック」がある。

利害関係から予測できる自己擁護の言論には信憑性がないので、敗北した反対派による不正行為の主張は、話半分に聞くべきである。その結果、私たちの注意は明らかな例にしか向けられない。それでも、さまざまな例があるように思われる。アメリカにおける不正の歴史の副題は、「政治的伝統」だ。コスタリカの政党は、有権者の不当な排除、票の買収、選挙日当日の投票所の場所変更、投票用紙の改竄など、四七種類の不正行為をおこなった。二〇世紀初頭のフランスでは、選挙前に有権者に紙幣の半分を渡し、候補者が当選した場合に残り半分の紙幣を渡していた。シカゴでは選挙前に靴の片方が、選挙後にもう片方の靴が与えられた。「もう片方の靴が落ちるとき」[*3]という慣用句の起源である。

不正は遠い過去の現象ではない。一九七〇年代にイタリアのパレルモでは、キリスト教民主党が政党への支援と引き換えに、無料のパスタや靴とともに公共部門の仕事を配分した。一九九三年の台湾では、国民党が一万四〇九〇票を一票あたり三〇〇台湾ドルで買収した。フィリピンでは、二〇〇一年に有権者の一〇・一%が政治家から贈り物をされたことがあると報告しており、アルゼンチンでは、二〇〇一年に有権者の一二%が金銭的な供与を受け、二〇〇〇年のメキシコの場合では二六・一%だった。二〇〇四年、アメリカのケンタッキー州東部では、地区判事選挙の候補者が有権者に五〇ドルの小切手を渡したとして検察から起訴された。それでも、アメリカを含むほとんどの国では不正行為は稀であり、決定的証拠をともなうことはさらに少ない。

選挙管理がどのようになされているかも、不正に大きく影響する。選挙管理の方法は、一般的に、次の四つに分けられる。

一、執政府が選挙を管理し、立法府が選挙結果を認証する。
二、執政府が選挙を管理し、選挙に特化された司法機関が認証する。
三、独立した機関が選挙を管理し、司法機関が認証する。
四、独立した機関が選挙管理と当選の認証をおこなう。

代議制の議会が設立された際には、ほとんどの場合、一つめの制度が採用された。執政府から独立した機関による選挙管理は、一九二〇年にカナダで導入された革新的なもので、続いて一九二五年のチリ、一九三二年のウルグアイで導入された。二〇〇六年の時点では、分析対象国のうち二六％の国で一つめの制度がまだ採用されており、一五％の国では執政府が選挙を管理し、独立した司法機関が認証していた。五五％の国では、名目上独立した選挙管理機関が存在していた(残りの四％の国では選挙がおこなわれていなかった)。中央銀行の独立性に関する研究が明らかにしたように、名目上の独立性は実質的な独立性を保証せず、アメリカの二〇〇〇年の選挙で実際に起こったように、司法機関でさえも党派的な選好を持ちうる。しかし、一つめのシステムでは、現職に幅広い裁量を認めてしまうことは明白である。現職が不正に選ばれていても、その支持者は選挙結果に疑問を抱く動機がない。他方、一九八八年の不正選挙の反動で設立されたメキシコ連邦選挙研究所の独立性は、二〇〇〇年選挙での野党の勝利を可能にする鍵であった。また、独立した選挙監視団は、不正行為を検知する能力が高く、不正の程度について信頼できる発言が可能な場合、不正を減らすことができる。

競合的な選挙と非競合的な選挙

選挙は、有権者が選挙の勝者を決定することができるとき、またもっとも重要なことに、有権者が望めば現職を負けさせることができるとき、競合的である。競合的な選挙が「公正」であるわけではない。なぜなら、選挙はいくつかのルールに則って実施されなければならず、すべてのルールはどちらかの陣営を勝利させやすくするバイアスを持つからである。また、競合的な選挙は完全に「清廉」では決してない。競合する政党が何かしらの仕掛けを使って勝利のチャンスを上げることを防ぐ術《すべ》はないからだ。ある試算では、一九七五年から二〇〇〇年の期間におこなわれた世界中の大統領選挙のうち、一九%から三六%が「欠陥がある」、「腐敗している」、または「不正な」選挙であった。現職は選挙ルールを操作し、国家機関を利用し、国家財政を使い、さらにはこれらがすべて失敗した場合でも選挙結果に手を加えることができるので、有利である。したがって、現職が勝利する可能性と負ける可能性が同程度の場合に選挙が競合的であると私たちが考えているのならば、そのような選挙はほとんどないことを知る必要がある。だが、たとえ勝てる確率は不公平であっても、選挙の結果が不確実である限り、あるいは、競合する政党がサプライズの可能性を残している限りにおいて、選挙は競合的である。

第5章　第Ⅰ部の結論　選挙の本質とは

選挙は国ごとに異なるため、これまで引用したのは、アルゼンチンからジンバブエまで過去二〇〇年にわたる例である。公職に就く資格や投票の資格、秘密投票か否か、得票数を議席数に換算する制度といった選挙の諸側面は、政治参加をより広範で自由なものにする方向へ歴史的な発展を遂げた。野党がまったく存在しない選挙は、もうだいぶ過去のものとなった。しかしおそらく、そしてこのことは多くの研究者が同意すると思うが、政治的指導者の多くは、競争の体裁を保ちながら選挙結果をコントロールすることを学んできたのではないだろうか。これが、「新しい」、「競争的な」、「ソフトな」権威主義である。それゆえ、選挙のさまざまな面における国ごとの違いはいまだに続いている。

問われるべき問題は、これらすべての違いを踏まえたうえで、選挙に内在する何か、つまり、すべての選挙に共通する特徴があるのかどうかということだ。これまでの章では、「選挙」と呼ばれる出来事のすべてが、実際に支配者を選ぶためにあるわけではないことを指摘してきた。しかし、現職が確実に勝つ選挙は、競合的な選挙といえるのだろうか。少数派が多数派から財産を守ることは不可避なのだろうか。有権者の選好とはまったく関係のないところで、政党が選挙結果を操作することから逃れる術はないのだろうか。このような問いに対する回答が、ある程度恣意的になることは避けられない。すべての選挙がいくつかの特徴を共有していたとしても、これらの特徴には濃淡があるため、答える側の主観が入ってしまうからである。とはいえ、以下は普遍的な共通点の候補といえるだろう。

すべての選挙は、それが実質的には誰かを選んでいるわけではない場合でも、支配者を神経質にさせる。たとえば、野党が存在しない選挙という極端な場合を考えてみよう。多くの独裁者、とくに共産主義圏の独裁者は、数年にいちど、有権者票の九九・一％を獲得したと誇らしげに報じる。このような選挙が国民の真の選好を示しているとは誰も信じていない。投票した人の選好でも、投票された側の選好でも、外部のオブザーバーの選好でもない。このような選挙の目的は違ったところにある。潜在的な反対勢力への威嚇である。何百万人もの人びとに指定の時間に指定の場所に出向いてもらい、彼らの体制への忠誠を示させることは容易にできるものではない。したがって、そのような選挙は独裁者が人口の九九％を威嚇して操れることの表われであり、つまり、いかなる反体制の動きも無駄であるということだ。

一部の権威主義体制は民主主義と認められることを望んでいるので、反対派の存在を一部許容し、一部では票をわざと減らし、有権者の自由意志が示されているのだと主張する。それでも、彼らにとって数字は大事である。たとえば、共産主義体制下では投票率の目標は九九％であり、また、メキシコの与党だった制度的革命党（ＰＲＩ）は、投票率が六五％を下回ることを望んでいなかった。いちどそのような目標値が知られると（過去の選挙結果からわかる）、結果が目標値にとどかなかった場合や、とにかく数値が以前より下がった場合はＰＲＩの弱体化を意味し、反対派台頭の足がかりとなってしまう。実際、ポーランドにおける共産主義の崩壊は、投票率が七五％に達しなかった一九八四年の地方選挙の結果から予想されており、政権がこれ以上状況を制御できないことを誰もがわかっていた。まったく競合的でない選挙をおこなう独裁者でさえ、選挙結果を気にしなければならない。期待された目標値を実現できない失敗は、軍事介入であろうが大衆の動員であろうが、政権の座から追い出される恐れがあるため、政権選択選挙でない場合でも、統治者は神経質になる。弾圧に頼ってしまうと、独裁者は弾圧の実施機関の言いなりになってしまう。これは、選挙以上に彼らを神経質にさせるはずである。このように、支配者を神経質にするものは競合的な選挙だけではない。実際、権威主義体制下でも、選挙前に政府支出が増えるという意味での「選挙のビジネスサイクル」が存在することを示す研究がある。独裁者が見せかけの選挙をおこなう場合でも、有権者が何を望んでいるのか、少なくともある程度の注意を払わなければならないのである。

政党は選挙で勝つために手段を選ばないというわけではない、と考えるのは甘い。政党の行動が厳しく規制され、広く監視されている場合でも、選挙結果に影響を与える方法は常に存在する。与党は、有権者登録法や選挙区割りを考えればすぐわかることだが、ルールを自分たちに有利なように合法的に変えられるからである。裁判所やその他の独立機関はそのような試みを阻止できるかもしれないが、そうする理由や意思を十分持っているとは限らない。たとえば、選挙区割りにはさまざまな方法があり、それぞれに選挙結果に影響を与えるが、特定の区割りルールがあからさまに有権者を差別しているとは言いきれない。また、選挙ボランティアの仕事に対する対価を、選挙運動の支出としてカウントすべきなのだろうか。フランスの裁判所はある裁判で、そのようにカウントして支出限度額を超えた市長選挙を無効にすべきだとの判決を下したが、ほかの裁判所もそう判断するとは限らない。郵送投票や早期投票は認めるべきだろうか。海外居住者は選挙権を持つべきなのか。これらの案件に関する判決はいずれも、選挙結果を誰かの有利になるよう偏らせることが予測されるが、それらの判決を無効にするほどの憲法上の理由はないかもしれない。シカゴのリチャード・デイリー市長が、建築基準法違反を選択的に使用した場合はどうだろうか。結局のところ、市の公務員はすべてを検査できない。ニコラ・サルコジ大統領への警察の報告書はどうだろうか。これらの行為のいずれも、違法であると認定されたことはいちどもなかった。選挙にはいくつもの抜け道があり、当選確率が上がるのであれば、選挙に勝ちたい政治家はそれを利用するだろう。

また、有権者の過半数が選んだ政権ならば、資本家層に特別な配慮をしないだろうと考えることも適切ではない。資本主義は、ほとんどの生産要素が私的に所有されているシステムであり、投資や雇用に関するものなど、あらゆる人に影響を与える重要な決定は、利益を最大化しようとする民間のアクターによってなされることを意味する。誰もがこれらの決定に依存しているので、どの政府もその政策が企業の意思決定にどう影響するかを予想しなければならない。したがって、資本主義社会における所有構造の影響というのは、資本主義の構造に埋め込まれたものなのである。民主的プロセスから得られる成果は、生産要素の私的所有によって限定的になってしまう。誰が政府のトップを占め、誰がどのような意図で政府を選んだかにかかわらず、雇用と投資に影響を与える重要な経済的決定は民間セクターの特権であるという事実によって、資本主義経済では政府は必ず制約を受ける。さらに、このような構造では、より多くの経済資源を持つ人びとが、選挙の結果や、選挙で選ばれた政府の政策に影響を与えるために経済資源を利用することができる。

ここまで述べてきた特徴はすべて、程度の差がある。そこで、すべての人が投票でき、現職による選挙操作は限定的であると仮定しよう。このような選挙から、私たちは何が期待できるのだろうか。

第Ⅱ部　選挙に何を期待できるのか

第6章　第Ⅱ部への序論

競合的な選挙から、私たちは何を期待すべきだろうか。

選挙はきれいごとではない。政治家は、高尚な理想が私たちを輝かしい未来に導くと主張し、インスピレーションに満ちたふりをしなければならない一方で、選挙で勝つためのあらゆる口実や策略を駆使している。政治家はできるふりをして欺瞞を垂れ流し、欺く。彼らは実現不可能だとわかっている約束をし、互いを中傷することに多くのエネルギーを費やし、可能であればルールを書き換え、それができなければ回避し、自分たちに反対しそうな人びとの声を消そうとする。支配者を選挙で選ぶという仕組みは維持したいものの、こうした不愉快な選挙の特徴をなくしてしまうか、あるいはなんとか軽減したいと思う人が多いのは不思議ではない。

しかし、人びとが選挙に対して持つ不満の理由すべてが的を射ているわけではない。なかには、集団的な意思決定をおこなうメカニズムとしての選挙に対する誤解にもとづくものもある。選挙は選択肢を提供しないという根強い訴えに反し、私たちが投票に行ったときに選択できるのが、たとえ「トゥイードルダムとトゥイードルディー」[*4]、「ペプシとコーラ」、「ジン・トニックとジンのソーダ割り」だけであるとしても、多くの評論家が指摘するように、社会として私たちが選択をしなかったことを意味しない。異なる政党がまったく同じ政策パッケージを提案するという、極端な状況を考えてみよう。彼らがこれらの政策を提案するのは、大多数の人が望むものだと考えているからである。たしかに政治家は、説得したり言いくるめたりしようとするが、それでも、世論調査やグループインタビューの結果を熟読し、世論の風向きを見極めようとしたうえで、私たちが何を望んでいるのかを推し量ろうとしている。政党は、もっとも勝ちやすいと思われることを公約する。もし多数派が何か違うものを望んでいたとすれば、政党はその違ったものを提供していただろう。したがって、投票所での個々人には選択肢がなかったとしても、集団としては、有権者は選択をおこなっているのである。

投票は個人に対して自己有力感を与える行為ではないが、だからといってこれが選挙に対する不満として妥当であるわけではない。有権者集団が大きい場合には、「私がAに投票したおかげでAが勝った」とは誰も言うことができない。実際、私たちは投票したあと急いで帰宅し、誰が勝ったのかチェックするためにテレビをつけ、多くの場合結果が不確かなまま深夜になる。個人の視点からすれば、選挙結果はコインを指ではじいた結果のようなもので、行動と結果のあいだに因果関係がない。選挙の価値は、各有権者が最終的な結果に実質的な影響力を持つことではなく、個々の意志の総和によって集団的な選択がなされる点にある。個人が自分の投票には効果がないと感じていたとしても、集団的な選択をするための手続きとして投票を評価するべきである。自由な選挙という理想のために命を犠牲にした人もいるという衝撃的な事実が、それを示している。選挙の価値とは、「統治者と被統治者の双方が選挙を『意思表示』手続きであると認識し、指令伝達であるとみなし、政府はその指令を当然のこととして実施する」[1]ことができていれば十分なのである。

私たちが選挙を評価するのは、一人ひとりが何をするにも自由であるという、私たちが本来望むものの次に良いものだからである。私たちは集団として生活する必要があり、そのためには統治されなければならない。誰もが、やりたくないことをやれと命令されたり、やりたいことの実行を禁じられるのは好きではないが、それでも私たちは統治されなければならない。そして、すべての人が同時に統治者にはなれないので、せめてもの次善の策は、誰によってどのように統治されるかを選択することができ、好ましくない政府を排除する権利を保有することなのである。これが、選挙が可能にすることである。

支配者が競合的な選挙で選ばれていれば、彼らの決定は合理的になり、政府は代表的なものになり、経済はうまく機能し、所得分配は平等になり、人びとは自由で平和に暮らせるようになると考えてもよい論拠はあるのだろうか。以降の章では、これらの疑問を分析していく。私がここで検討している選挙のもたらす帰結は、網羅的なものではないことに留意されたい。たとえば、司法に関わる複雑な問題には立ち入らない。ここでの検討事項以外のものについては、読者の自由な調査を期待したい。

先に述べた疑問への答えは、大統領制や議院内閣制、選挙制度など、第I部で説明した制度の特徴によって異なるのかもしれない。しかし、ここでの分析の目的は、ロバート・ダールが定義した、選挙が競合的になる条件が満たされていると仮定したうえで[2]、選挙制度やその他の政治、文化、社会的条件にかかわらず、自由な選挙で政府が選ばれることがもたらす帰結のみを検討することである。

これらの疑問の分析にあたっては、折衷的かつ便宜主義的なアプローチをとる。問題の構造が十分に明確な場合には、演繹的に論を進める。体系的な実証分析結果がある場合には、それを「事実」として提示する。その一方で、研究者間で確立された見解に頼ったり、ある特定の歴史的事件からヒントを得たり、自分がすでに持っている信念を述べるのを避けることもしない。

第7章　合理性

政府が選挙で選ばれる場合、政府の決定が何らかの意味で合理的だと私たちは期待できるだろうか。この問いへの答えは、何を「合理的」と捉えるかによる。一八世紀以降、私たちが使う政治用語は、社会全体にとって最善の状態があるという前提に立った概念に満ちており、「一般意思」、「共通善」、「公益」、「国家理性」といったフレーズが用いられている。平和、伝染病の予防、きれいな空気、低インフレなどがそのような最善状態の候補として例に挙がる。政府の決定がこのような状態をもたらす最適手段の選択であるならば、それは合理的である。しかし、社会のあいだで意見が分かれる問題の場合、何が合理的であるかを決めるのは、はるかに難しくなる。ある人にとっては良いかもしれない事柄は、他の人にとっては都合の悪いものであるため、すべての人にとって合理的なものなど存在しないからである。

ある決定が全員にとっていちばん良いと、有権者の過半数が考えるだけで十分なのだろうか。それとも、私たちの共通の善は、多数派が考えることとは無関係に特定できるのだろうか。多数派の選択が公益を特定しないとすると、誰が、または何が公益を特定するのだろうか。伝染病の予防は共通の利益だと思われるかもしれないが、予防接種に反対する政党に過半数が投票したらどうだろうか。きれいな空気を吸うことは誰にとっても良いと信じる人もいるかもしれないが、もし多数派が公害対策に反対票を投じたらどうだろうか。このような場合、何が合理的なのだろうか。

明らかに、私たちには選択肢が二つある。正義についても同じことがいえるが、大多数の意思には左右されない合理性という考えを受け入れるか、多数派が望むものは何でも合理的であると甘受しなければならないかだ。どちらの解決策も容易ではない。エリク・ラガースペッツが述べるように、「純粋で機械的な中身のない手順が、私たちが何をすべきかを決定しうるという考えには、何か深く不穏なものがある」[1]。純粋な手続き的ルールは、賢明な結果や道徳にかなった結果を生み出す必要がない。しかし、どれだけ多くの人が別の意見を持っていても、ある人のほうがよく物事をわかっているという主張は、権威主義的である。

私たちがある投票先に投票することには理由があり、これらの理由は、候補者や彼らによって発表された目標への信念、候補者が提案する政策の効果への信念にもとづく。しかし選挙は、私たちがある政党や候補者に投票し、他の政党や候補者には投票しないという個別的な決定のみを集約するメカニズムであり、その背後にある理由を集約するものではない。争点に関する国民一般の討議、つまり

「熟議」は、理性的な判断をもたらすかもしれず、下される決定の理由を啓発し、下されるべきではない決定の理由を解明するかもしれない。さらに、これらの理由はその決定の実施、つまり政府の行動の道筋をつけるかもしれない。しかし、強制を含むこれらの行為の権限は、投票、すなわち頭数を数えることから発生しており、熟議によるものではない。

ある選択肢に対して私たちが投票する理由は、説得と熟議の長いプロセスのなかで形成され、そのなかでは投票は最終的な行為にすぎない。したがって、投票前に熟議することで何か違いを生むのかと疑問に思うのは当然のことである。広く知られている考えによれば、熟議のプロセスが、参加者を平等に扱う、他人の選好を尊重する、論点にオープンになるといった一定の基準を満たしていれば、それは投票先の決定を理由あるものにする。しかし、これらの条件は、実際の政治的議論の描写としてはあまりにも厳しいものである。民主的統治においては、他人が自分たちを拘束する決定に投票するということを私たちは知っているので、他人を説得したいと考えている。それは政治的なコミュニケーションが必然的に戦略的となることを意味し、自分たちの議論を勝たせようとする欲求に動機づけられている。ヒラリー・クリントンは、「実質的には間違っていても、政治的に効果的なメッセージを伝えることにおいて、彼ら［反対派］がどれほど洗練されているか知らなかった(2)」と公言したが、彼女は驚くべきではなかった。ある政策に関してよく知らない場合や、提案されている政策の効果がはっきりしない場合、人びとは「実質的には間違っている」主張によって説得されうる。さらに、人びとはある主張に耳を傾けながらも、自分の利益とみなす別のものに賛成票を投じるかもしれない。

投票先決定の背景にある理由が良いものなのか悪いものなのかはわからないし、さらには、人びとが投票の可否やどのように投票するかの決定に至るプロセスを社会学的・心理学的に分析するのも難しい。だが、自由主義の基本原則では、誰もが自身の利益の最良の判断者として扱われなければならない。だからこそ、選挙において重要なのは投票理由ではなく、投票があったという事実なのである。

共通の利益

支配者がすべての人にとって最適な利益のために行動できるという主張には、一般的に共有された進歩および促進されるべき何かが存在するという信念が織り込まれている。その何かとは、「レス・プブリカ」[*5]、「共通の善」、「一般的利益または公益」、「社会福祉」といったものだ。この信念は、多少の濃淡はあったとしても、標準的なものである。その出発点は、国民が一つのまとまりとして団結しており、社会はもともとは調和している、または少なくとも、政治の目標は調和と協力を維持することであるべきだ、というところにある。支配者が誰であるか、どのようにして権力を得たか、どのように統治しているかにかかわらず、すべての支配者が宣伝する政治神話では、「人民」は団結しており、社会には根本的な分断はなく、利害や価値観は調和し、政治生活は総意によって導かれる。「団結すれば繁栄できる」とは、すべての支配者が、彼ら自身が表象するものへの従順を促すために使用するスローガンである。ポーランドのアントニ・マチェレヴィッチ国防相が最近宣言したように、

「あなたには一つの政党しかない。その政党とは、ポーランドである」ということだ[3]。その一方で、「国家の敵」、つまり「外国分子」、「階級の敵」、「裏切り者」を「人民」のまとまりから排除することで、調和不可能な対立を排除することができる。

一体性の神話は、ナショナリズムへの訴えかけ、出自の違いによらない共通のルーツの想起、祝日や国歌、国旗の祝い、国軍やオリンピックでの自国民によるパフォーマンスに対する誇りの表現など、絶え間なく宣伝されており、その例はいくらでも挙げられるだろう。政党競合のある選挙をおこなっている国でも、勝った側は党派的利益のために行動しているとは公に認めてはいけない。つまり、選挙での勝利の後に必要なのが、「団結」演説である。サルバドール・アジェンデの「私はすべてのチリ人の大統領ではない」という宣言は、大失態だった。

「団結」、「調和」、「総意」、「協力」は、あるべき規範としては魅力的だ。これらは、合理性、正義、自由のある将来を示唆する。つまり、紛争を純粋に手続き的なルールで処理する場合よりも、これらの規範に則れば合理的かつ公正な世界をつくれる、という示唆である。利害や価値観が調和していれば、誰もが同じ法律のもとで生きたいと思うものだ。「総意」とは、誰もが同じ結果となると期待することを意味し、誰が集団的な決定をするか、どのような手順であるかによるブレは生じない。誰でも全員のための決断をすることができる。さらに、集団的な決定と自己決定とは同一のもので、他人からあなたのやりたいことをやりなさいと言われてやることは、強要されてやることと同じではない。利害が調和する限り、支配者の権利の源泉は、真の共通善を追求することから発生する。

では、各自にとって、そして同時に全員にとって最良である何らかの世界の状態が存在するとしよう。つまり、一つの「正しい」決定が存在するとしよう。ただし、一つの正しい決定が存在する場合、集団的な意思決定プロセスは純粋に「認識論的」、つまり単なる真実の探求となる。財政赤字の代償としての需要の喚起と、財政規律の維持、どちらかが最善であるとするならば、政治共同体が直面している唯一の問題は、どちらがより良いかということだ。選挙の過程で、どちらが最善であるかが明らかになるのだろうか。

一八世紀のフランスの天才、コンドルセ侯爵は、多数決ルールがそのような正しい判断を生み出せるという主張を展開した。彼によれば、各個人が理性に恵まれていれば、少なくともある程度、各個人が正しい判断を下す可能性がそうでない場合よりも高く、それゆえ集会は各個人が個別に判断するよりも正しい判断を下す可能性が高い。たしかに、集会の規模が大きくなればなるほど、ほぼ確実に集会の選択は正しいものになるだろう。大規模な集会における多数決は、ほとんど誤りのない決定となる。

この主張の前提となっている直感は、犯罪で起訴された人を有罪にするか無罪放免にするかの決定に直面している陪審員の状況に、構造的には近い。何らかの真の事情（有罪か無罪か）がすでに存在し、陪審員は正義の判断を下すこと以外には何の関心も持っていない。同様の指摘は、別のコンテクストに対してもおこなえる。たとえばフロリダ州の海岸沿いの町において、ハリケーンが直撃する場合には町として避難するほうがよく、ハリケーンが来ない場合にはそうしないほうが全員にとってよいとしよう。各人にとって、ハリケーンが直撃するかどうかを正しく推測する可能性は、誤った推測をする可能性より高く、また、避難するかどうかは全員で投票する。この場合も同様に、多数決はすべての人にとって何をするのが最善であるかを正しく見極めるだろう。さらに、ある条件下では、集団の規模が大きくなれば、個人の平均的な能力が低下したとしても、集団としての能力は上昇することが判明している。したがって、投票による集団的意思決定は、たとえ例外的に賢明な独裁者や小集団による決定であろうが、どのような単一の個人による決定よりも優れた結果を生み出す可能性が高い。

しかし、多数決が正解を導くという主張は、利害関係が存在し、価値観や規範が対立する場合には意味をなさない。陪審員と有権者との違いは、陪審員の場合は各陪審員すべてにとって正しい一つの答えがある問題に直面しているのに対し、有権者の場合は、正しいかもしれない決定は各人にとって異なるということだ。もし私が堕胎選択の権利を支持し、他の人が胎児の生きる権利を支持する場合、「唯一の」正しい決定とは何なのだろうか。多数派の選好とは、誰もが共通して持っているものを読み取っているのではなく、単に、多数派が何を望んでいるかの表現である。国民が税金というひとつの問題に投票するとしよう。そうすると、ある人は必然的に得をし、ある人は政府が選択した行動によって損をする。この違いをもって、ダンカン・ブラックは、コンドルセの主張は選挙の理論とは無関係であると、次のように結論づけた。(4)

さて、このような陪審員論に賛成する意見が多いか少ないかは別として、このアプローチを選挙理論に応用することが妥当であるとする論拠はない。たとえば、裁判官が被告人に対して有罪または無罪を宣言したとき、少なくとも原理的には、その判断が正しかったか間違っていたかを検証するテストをおこなうことは可能であろう。しかし、選挙の場合には、そのようなテストは不可能である。「有権者の意見が正しい確率」というフレーズは、明確な意味を持たないのである。

したがって、投票による意思決定が合理的になることは一般的に期待されないという結論にならざるをえないが、これは選挙の欠陥ではなく、根底にある利害関係の構造の欠陥である。個々の利益が、個々の決定が外部性を生まないという意味で調和しているとき、あるいは、誰もが従うことを辞さないような集団的利益が存在するという意味で調和しているとき、投票は合理的な決定を生み出し、それは他のシステムよりも優れた意思決定方法となる。しかし、利害や価値観が対立している場合、この合理性の概念と政府の決定とは相容れない特徴を持つことになる。つまり、政府は大多数が望むことをやっているか、そうでないかということしか、われわれには言えないのである。

多様な選好

しかし、望ましい世界が人によって異なる状況において適用される、合理性の概念を考えるための方法がもうひとつある。この考え方を紹介するにあたり、税率や中絶問題などの単一の争点を考えてみよう。かりに有権者の三分の一が一〇％、三分の一が三〇％、三分の一が七〇％の税率をそれぞれ望んでいるとし、課税政策と有権者の選好とのあいだの距離が離れるにつれて、政策に対する個人の不幸度が（直線的に）増加すると仮定する。ここで、どのような政策が集団の不満を最小化するかという問題を解くと、三七％という答えになる。あるいは、国民の五分の一があらゆる状況下での中絶禁止を、半数が三カ月までの中絶容認を、一〇分の三が六カ月までの中絶容認を支持しているとする。すると、三・三カ月以降の中絶を禁止する法律は、その法律のもとで生活することになる国民の不満を最小限に抑えることができるだろう。このような論法を一九二九年に初めて考えたオーストリアの法理論家ハンス・ケルゼンは、この基準を「自律性」と呼び、この主張を論理的に証明したアメリカの政治学者ダグラス・レイは、これを「政治的個人主義」と呼んだ。[5] われわれがそれをどう呼ぼうが、この基準を満たす決定は、個々の選好の分布を仮定した集団の福祉を最大化するという意味で合理的である。

このようにみると、単純な多数決は非常に説得力のあるルールであることがわかる。いくつかの仮定が満たされる場合、もっとも重要なのはすべての投票が等しい重みを持っていることであり、単純多数決ルール、すなわち五〇％プラス一ルールは、前記の意味での集団的な決定を合理的にする唯一のルールである。つまりこのルールは、集団的な不満を最小化するか、または、二つの選択肢しかない場合には彼らの選好に合わない法律のもとで生活する人びとを最小化する。単純多数決ルールは、個人の選好と集団としての政策の対応を最適化する。さらにこのルールは、個人の選好の変化という不測の事態にも対応しており、もし十分な人数の個人が考えを変えれば、現状は変更される可能性がある。

たしかに、法律を変える可能性があるというだけでは、すべての人が自分の好む法律のもとで暮らしていくことは保証されない。人によっては無期限に変更を待たなければならないだろう。子孫たちが先祖代々の選好を引き継いでいるような選挙区では、その選挙区を代表する政党は永遠に選ばれ続けるだろう。この可能性は、民族的に分断された社会における民主主義に絶えずつきまとう。現職の交替を可能にするためには、つまり、ある政党が勝利する可能性が不確実になるためには、個人の選好が変化するか、現職が選挙区の選好を代表するのに失敗するかの、二つに一つだ。そのような場合でも、残念ながら、大多数には不評な選好を持つ有権者にとっては、自分好みの政策が実施されることはないだろう。とはいえ、単純多数決ルールのもとでは、人びとが選好を変えたときに法律が変わる確率が最大である。

しかし、ケルゼンとレイの主張は、人びとが単一の争点に投票する場合にのみ当てはまる。実際には、私たちが政府を選ぶときには、一連の政策セットを選んでいる。ある政党は、自由貿易を支持し、所得の再分配をほとんどおこなわず、中絶に反対しているかもしれない。また別の政党は、保護主義的で、不平等を懸念し、中絶選択の権利を支持しているかもしれない。このような状況下では、多数派と呼べる有権者層は多岐にわたる。自由貿易を支持するが文化的な問題にはリベラルである人びとの層、所得の再分配を望むが自由貿易を支持する層などである。そうなると、多数決によって他のすべての提案を打ち負かすひとつの提案を特定することは、もはや不可能である。これは、ケネス・アローの有名な「不可能性定理」が示すところにほかならない(6)。だがそれでも、選挙は、独裁者が実施するであろう政策よりも、多数派の選好に近い政策をもたらしている。卵の構造をたとえに考えてみよう。黄身は、ある多数派が支持するすべての政策の組み合わせで構成されている一方、白身は黄身の政策を構成する多数派のすべてに反対されるだろう政策の組み合わせを含んでいる。独裁者は、卵全体のなかから政策を選択することができるが、選挙では黄身のなかから一つの政策を選択しなければならない。独裁者は多数派が支持しない政策のセットを選ぶことができるが、選挙の結果はいずれも多数派に支持されなければならない。

選挙では、政党や候補者が異なる政策のセットを提案して競い合う。したがって選挙は、私たちが統治されるであろうさまざまなあり方のなかから、少なくとも、政府に対するさまざまな指示書のなかから選択する機会を私たちに提供する。合理的でクリーンな選挙において、満場一致で当選した人がいないという事実は、当選した人以外にも統治者になっても良いとみなされている人がいることの一応の証拠であり、さらに、当選した人の権威には異議申し立てがあることを意味する。もしかすると、人びとは団結しているのではなく、分裂しているのかもしれない。もしかすると、彼らは団結しているが、何がすべての人にとってより良いかについて、まだ意見が分かれているのかもしれない。選挙が利益を集約するにせよ、判断を集約するにせよ、権威が多元的に存在することは、権威主義とは相容れない。

選挙は、選出された者の認識上または道徳上の権威を生み出すのではなく、ただ権威を承認するだけである。つまり、私たちは権威があると私たちが信じている者を選ぶ。それゆえに、選出されたリーダーに私たちが従うのは、選挙によって選ばれた支配者が、命令を下す法的権威や、強制力を行使する法的権威を選挙がつくるからだけでなく、少なくとも私たちの一部が、彼らは統治するための知恵と美徳を持っているので選ばれたと信じているからなのである。さらには、多数派がある者に対して権威のある者という太鼓判を押したのをみて、われわれはその情報にもとづいて自分の信念をアップデートしているのかもしれない。このため選挙は、選挙で選ばれた人が権威を持っているのだという信念を強化する。「権威主義」かそうでないかを見分ける特徴は、人びとを追従させるための強制力の行使ではない。たしかに、民主主義体制のもとでは、強制は法的に認められたものでなければならず、その使用は制度化された安全装置によって保守されている。それなのに、世界最古の民主主義国家「アメリカ」の収監率は、世界でもっとも高い。すべての政治システムでは強制が存在し、私たちは強制されなければ共に暮らしていくことはできないだろう。民主主義と権威主義の違いは、競合するかもしれない政治勢力の公的な意志表明を力で阻止するかどうかである。合理性があるかどうかではなく、その力を独占しているかどうかである。権威主義のもとでは、抑圧と検閲により、競合する政治勢力の阻止が保証されている。

結　論

選挙は、国民の選好の分布を反映した政策を追求するよう、政府に対して指示を与える機能を果たす。国民が異なる選好を持つ場合、その背後にある理由が何であれ、政府に与えられる指示は、有権者の過半数による指示である。そして、ゲオルク・ジンメルが述べたように、「単なる多数決では、まだ完全な真実は姿を現していない。かりにそうであるなら、すべての票を一致させることに成功しなければならない[7]」からである。不一致は、真実が明るみになっていないことを示しており、いかなる決定も誤謬である可能性がある。すべての審議が終わっても満場一致に到達できない「評決不能陪審」は、私たち一人ひとり、そして全員がどのように行動すべきかという一定の指針を示さない。私たちにあることをしてほしいという人びともいれば、別のことをしてほしいという人びともいる場合、私たちは共同で何をすべきなのだろうか。多様な選好が存在する社会において、特定の決定を「合理的」として選びとることのできる唯一の方法は、結果に対する人びとの不満を最小化することである。単純多数決ルールのもとでは、そのような決定を見つけることができる。こうした決定は、いくつかの決定を同時におこなう場合には一つに収斂しないが、少なくとも、多数決による決定は多数派の支持を享受しており、投票以外の方法による決定の場合にはそうでない状況もありうる。この意味で、選挙は合理的な決定を実現する。この次に問題となるのは、選挙で選ばれ将来的に再選の試練に直面するであろう政府が、有権者の指示に従う理由があるのかどうかということだ。

第8章　代表、アカウンタビリティ、政府のコントロール

政府が選挙で選ばれている場合、政府は国民の多数派が望んでいることを実行し、望まないことはしないだろうと期待できるだろうか。選挙は政府をコントロールする有効な手段なのだろうか。人民にとって最善のことを実行し、少なくとも市民の多数派の最善の利益に沿って行動するなら、その政府は代表的であるといえる。政府が人民の利益を代表すると考えられる理由は、次の四点だろう。

一、公益に資することに関心のある者だけが公職を志願し、彼らは在職中に職権乱用はしないため。
二、公職を志す者の動機や能力は人それぞれで、無私無欲で有能な候補者もいれば、悪人やもしかしたら悪人になるかもしれない人も混じっている。しかし、有権者が投票を効果的に使うこと

で、在職中も公務に専念する良い候補を選ぶことができるため。
三、公職に就いている人は誰でも、有権者とは異なったり、有権者に害を与えたりする利益や価値を追求しようとするかもしれない。しかし、あまりにも有権者からかけ離れた価値を追求する政治家に対しては、有権者は投票を効果的に使って解任や再選阻止の脅威を与えるため。
四、政府諸機関のあいだで互いに牽制してバランスをとるので、最終的には有権者にとってもっともよい形で政府が行動するようになるため。

第一の点が実際にある可能性は、否定すべきではない。公職に就こうとする人の多くは国民に奉仕したいと考えており、権力を握っている間にも公務に専念し続ける人もいる。しかし私がこの可能性を考慮に入れないとするならば、それは、このような意味での代表のあり方は選挙だけの特徴ではないからだ。選挙で選ばれていない独裁者も人民を代表できる。もし独裁者が人びとの求めるものを知っていて、実行したいとすれば、それを妨げるものは何もない。選挙と代表の関係は、運しだい、つまり誰がたまたま支配者であるかによって異なるものであってはいけない。

民主主義理論の中心的な主張は、選挙は政府を代表的にする体系的なメカニズムである、というものである。「代表」やその類義語は、民主主義を定義するものとして、あるいはこれらが民主主義の真髄であるという主張は広く受け入れられている。たとえば、ロバート・ダールは「民主主義の鍵となる特徴は、市民の選好への政府の継続的な応答性である……」[1]と述べ、ウィリアム・ライカーは

「民主主義は、支配者が被支配者に完全に責任を負う政府の形態である……」(2)と主張し、フィリップ・シュミッターとテリー・リン・カールは「現代の政治的民主主義は、支配者が公共の領域での行動に対して市民にアカウンタビリティ（応責性）を負う[*6]統治システムである……」という考えを示す(3)。しかし、代表するとは一筋縄ではいかない難問なのである。政治家は、自分の目標や利益、あるいは彼ら自身の価値観を持っているかもしれない。また、市民が察知できないか法外なコストをかけてしか察知できないようなことを知っていたり、またそうした行動に出たりするかもしれない。政治家は、（再）当選するためなら何でもするだろうが、公職に就くことで私利私欲を追求するかもしれず、そうではないにしても市民が目指すものとは異なる目的を持っているかもしれない。もし政治家にこうした動機があれば、見識ある市民が望んではいないことを実行しようとするだろう。

事前と事後のコントロール

選挙は、事前的な方法と事後的な方法という、二つの異なる方法で代表を可能にするだろう。事前的な方法では、選挙期間中に政党や候補者が政策の提案をおこない、これらの政策が市民の福祉にどのような影響を与えるかを説明し、市民はどの提案が実施されるのがよいか決定する。こうして選ばれた政策要綱は、政府が追求すべき「マンデート（委任）」となる。事後的な方法としては、市民は現職の過去の行動とその成果について判断する。また一方で再選を目指す政治家は、このような市民の判断を予測しなければならない。

代表における委任という概念は広く普及しており、学者、ジャーナリスト、一般市民は、あたかも公理であるかのようにこの考えを扱っている。しかしこの際、私たちは二つの問いに答えねばならない。第一に、有権者は政府による公約の実施を常に望んでいるのだろうか。そして第二に、有権者は公約を裏切った政府を罰することができるのだろうか。

有権者と政治家の両者が完全情報を持つ状態ならば、政治家は有権者の福祉を最大化する政策要綱を提供し、有権者はそれに投票する。想定外の突発事態さえ発生しなければ、有権者は勝利した政治家が公約を守ることを望む。そして、政治家が実際に自ら望ましいと思う政策を提案していたのならば、政治家は忠実に公約を実施するだろう。つまり、政治家が自ら好ましいと思っている政策を提示し、有権者は自分たちの福祉を最大化する政策要綱の実施に投票し、外生的な条件が大きく変わらない場合には、代表に問題は生じない。

しかし、有権者が十分な情報を持っていなければ、ある公約を実施することが自分たちにとって最善であると確信することはできない。市民は感情に流されているかもしれないし、政府が把握している情報のすべてを市民が知っているわけではないということを知らなければならない。政府が公約に従うことを市民が本当に望むならば、政府にそうするよう強制できるだろう。この可能性、つまり「強制的委任」は、アメリカおよびフランス憲法の起草過程で議論された。しかし、現存するどの民主主義国家でも、選挙での約束に沿うよう代表が法的に強制されることはない。国政レベルの民主主義的な憲法では、これを理由とした解任を認めていない。弾劾規定や不信任手続きは一般的であるが、憲法が公約の裏切りを対象とすることはない。これは、市民が政府に対してある程度の自由度を与えていることに相当する。

想定していたものとは条件が違っていると政府が発表したとき、有権者は公約の実施が自分たちの利益にかなうのかどうかよくわからなくなる。また、公約の実行が政府にできる最善策でないとすれば、公約から逸脱した現職を罰するという脅しは実現可能性が低い。有権者は公約を裏切る政府を好まないかもしれないが、公約から逸脱して有権者に報いた政治家を罰することはないだろうし、政治家は公約から逸脱しても罰を免れることができることを知っているはずである。有権者が政治家に対して制裁を加えられるのは、そのような逸脱行為の影響が明白になった後におこなわれる選挙においてのみである。そして、このような事後的な判断は、公約からの逸脱がもたらした影響や、単なる時間の経過によってどうしても鈍ってしまうため、市民は公約そのものの遵守を政治家に強制することはできない。さらに、政府はある多数派から委任を受けても、別の多数派から再選されることを望んで、元の支持者を裏切る場合もある。

とはいえ、有権者は選挙の事前に政府をコントロールできなくても、事後にならできるかもしれない。政府に「アカウンタビリティが課されている」とは、政府が市民の最善の利益に沿って行動しているかどうかを市民が見極め、適切な制裁を与えられることを意味する。つまり、市民の最善の利益のために行動している現職を再選し、そうでない議員を選挙で敗北させる場合である。政治家はこのような事後的な制裁を予測するので、ジェイムズ・マディソンが言う「人民からその立場を与えてもらっているという覚悟[4]」を植えつけられる。アレクサンダー・ハミルトンは次のように述べている[5]。

能力を発揮することでその地位を継続できるという希望を持てるのであれば……職務の遂行に熱意を感じない人はほとんどいないだろう。報酬の欲求が人間の行動のもっとも強いインセンティブのひとつであることや、忠実さを確保する最善の保証が利益と義務の一致であることを認める限り、この立場に異論はないだろう。

アカウンタビリティがどのように代表性を担保するかについてのスタンダードな説明は、「業績評価投票（retrospective voting）」の考え方に由来する。この主張では、市民は政府を評価する際に何らかの業績基準を持つ。たとえば、ある政権の任期中に所得が少なくとも四％増加したとき、通りが安全であるとき、あるいは自国がワールドカップに出場できたとき、与党に投票することにする。逆に、これらの基準が満たされていない場合には、与党には票を入れない。一方で、与党は再選を望み、市民の意思決定ルールを知っているので、少なくともこれらの基準を最低限満たすために可能な限りのことをする。

市民が与党の行動について限られた情報しか持たず、その行為の結果についてもほとんど知識を持たないことを与党は知っているため、政府は物事がうまくいったときには手柄を主張し、うまくいかないときには責任を放棄する。市民はどうにかして、何を信じるかを決めなければならない。別の言い方をすれば、市民は自分の意思決定をするための基準を自由に選ぶことができ、政府に責任があると考えられないような結果であっても自由に政府を非難することができ、いつでも自分の考えを変えることができる。このため与党は、（再）選挙のときに何について判断されるかを絶えず推測しなければならない。政治において個人の要素が重要な役割を果たしているのは、市民は、政策やその成果よりも、政治家個人のことを知っていることが多いためである。このため、市民は政治家の人となりに関する情報を、公職における行動に関する情報の代わりに使用するのである。もし与党が何について判断されるのかを正しく推測し、市民が与党の責任は何なのか正しく把握しているのならば、アカウンタビリティのメカニズムは機能する。しかし、双方の情報は不十分かつ不完全なので、理論どおりの結果にはならないだろう。

さらに、私たちは多面性という問題に立ち戻ることとなる。与党は多くの政策に対応するが、市民が与党をコントロールするにはたった一つの手段、つまり投票しかない。一つの手段では、複数の標的をコントロールできない。与党が、主に経済実績で判断されると予測するならば、不人気な文化政策は実施を見送られる。主に外国の脅威に対する対応で評価されると予測すれば、経済分野では手を抜くことができる。もし誰もがすべての情報を持っていたとしても、市民は自分にとって何が重要なのかを選択しなければならず、自分にとって重要性の低い問題のパフォーマンスが低調であっても、これは不問になるだろう。

アカウンタビリティのメカニズムは、政府による権利の乱用や大規模なミスを最小限に抑えることができる「火災報知器」として機能する。しかし、限られた情報と多面性という問題が相まって、業績投票は政府をコントロールする手段としては切れ味が悪い。事前予測にもとづいた投票も業績投票も、与党が市民の最善の利益のために働くことを保証しない。もし有権者が完全な情報を得ておらず、同質でないとすると、与党は少数派を犠牲にして自分たちの利益および一部の多数派（これは、自分たちを選んだ有権者とは限らない）の利益を優遇することができ、さらには、全員を犠牲にして自分たちの利益や価値観を追求することさえできる。

官僚機構のコントロール

市民に直接役立つサービスの提供を含め、ほとんどの政府機能は、選挙で選ばれた政治家ではなく、政府に雇われた公務員によっておこなわれている。単純に数字を考えてみよう。アメリカでは、有権者は議員五三八人、大統領、副大統領それぞれ一人の合計五四〇人を連邦レベルで選出している。他方、二〇一四年三月時点で連邦政府は二七〇万人を雇用している。州やそれよりも下位レベルの政府では、約五〇万人が選挙で選ばれ、一四三〇万人の職員が常勤で雇用されている。フランスでは、有権者は下院議員五七七人、上院議員三四八人、大統領一人の計九二六人を選出しているのに対し、中央政府レベルでは約二五〇万人を雇用している。地方政府のレベルでは、約八万人が選挙で選ばれているのに対し、公立の病院を含めたすべての公共部門の雇用者数は約五六〇万人にのぼる。

政治家をコントロールするのは簡単ではないが、少なくとも、有権者と政治家の関係は選挙によって直接つながっている。しかし、政府機能の大部分を担う、選挙で選ばれていない人びとに対する市民のコントロールは間接的である。郵便物が届かない、先生が学校に現れない、警察が賄賂を受け取っている、といった状況を想像してみよう。あなたは何ができるだろうか。あなたにできることは、部下を監督することになっている官僚機構の、さらにその上層部を監督すると考えられる現職の政治家に反対票を投じることである。ここでのコントロールメカニズムは、このように非常に間接的である。教育委員会や一部の地方警察の監督機関を除いて、アメリカの代議制では、個々の官僚機構の働きに関する情報を集約したうえで、政治家の場合のようなコントロールができるメカニズムが存在しない。私の推測では、その理由は歴史的なものである。代議制が導入された当初は、アメリカの官僚制は発達していなかった。連邦政府は四〇〇〇人から五〇〇〇人を雇用しており、これは、現代における人口一〇万人規模の自治体が雇用する公務員数と同じ程度であった。官僚機構に対して直接的なコントロールのメカニズムを導入する実験は頻繁におこなわれてきたが、繰り返し失敗に終わっている。官僚機構の構成員が選挙で選ばれるようにしても、ほとんどの人が投票しない。任命制にすると、官僚機構の構成員は、彼らが監督するはずの人によって任命されてしまう。投票にまったく効果がないわけではないが、選挙は官僚機構をコントロールするには非常に間接的なメカニズムを持つために、人びとは官僚制のコントロールに関して無力感を持つのかもしれない。

第9章　経済パフォーマンス

先進国における選挙に対する現状の不満の多くは、国民の大半の所得の低迷、欧州ではとくに長引く高い失業率に起因する。その結果、人びとが持つ自分の人生に対する予測は、画期的といえる転換点を迎えている。おそらく二〇〇年ぶりに、多くの人は自分の子孫が自分よりも良い生活を送ることはないと考えている。さらに、少なくともアメリカでは、この信念は事実に裏づけられている。三〇歳になったときに、親が同じ年齢だったときの収入よりも高い収入を得ている人の割合は、過去五〇年間で着実に、そして急激に減少している[1]。これに関するデータが存在するアメリカでは、この減少は成長の鈍化というよりも、不平等の急激な拡大によるものであることがわかっている。しかし欧州諸国では、成長の鈍化が不平等の増加よりも大きな要因となっている可能性がある。だが、原因が低成長であろうと、所得の不平等であろうと、世界は徐々に進歩するという信念が崩れていることは未曾有の経験であり、その政治的な影響は非常に深刻である。

自由な選挙で政府が選出される政治体制のほうが、そうでない体制よりも経済が発展しやすいと考えるべきだろうか。そのように期待できる理由には、以下のようなものがある。

一、有権者は自らの所得や、物価、雇用機会に関心を持っているので、選挙で選ばれた政府は、経済的な繁栄をもたらす政策を追求し、レント（経済的余剰）の度を過ぎた搾取は起こらないと期待できる。

二、有権者は自分の子どもたちの教育機会を重視しているため、選挙で選ばれた政府は、人的資本の蓄積に努め、それにより経済成長が促されると期待できる。

三、政府が選挙で選ばれるシステムでは、より多くの情報が公になるので、民間投資家はより良い案件を選ぶための情報を持ち、政府は迅速に過ちを正すことができる。

しかし、選挙が成長を阻害するだろうと考えられる、もっともらしい理由もある。もっとも重要な点として、貧しい国々ではとくに、有権者は現時点での消費を求めるため、選挙で政府が選ばれると将来への投資が進みにくくなることを、複数の研究者が主張している。さらに、貧しい国々では、消費を抑圧して経済的な「離陸」に必要となる膨大な資源を動員できるのは、独裁政治の場合のみであると主張する。

両サイドに納得のできる理由がある場合、これらの主張はある程度真実であり、効果は互いに打ち消されると考えられる。たとえば独裁国家では、貯蓄がより進むが、指導者に対してアカウンタビリティを課せないことから、高すぎるレントが設定されたり、無謀な投資事業がおこなわれているのは事実かもしれない。あるいは、民主主義国家は人的資本の蓄積を促進するが、物理的資本の蓄積を遅らせるというのが事実かもしれない。一般的にいえば、政治体制はさまざまな経路を通して開発に影響を与え、ある部分はポジティブに、別の部分はネガティブに働くので、最終的にはほとんど違いがない可能性がある。

政治制度が経済パフォーマンスのさまざまな側面に及ぼす影響を検証する研究は、定義、測定、データ、統計の問題が複雑であることから、研究者によって異なる主張がされがちである。問題の中心は、異なる制度が異なる条件で存在し、外生的条件の効果と制度による効果の識別を困難にしている点である。何よりも、経済的な変化は制度に影響を与えるため、因果関係の方向性を見極めるのは容易ではない。とくに、非常に低い所得水準から始まり、急速に成長した中国や他の独裁国家（一九八八年以前の韓国、一九九五年以前の台湾）の華々しい成功に過度に感銘を受けるべきではない。これらの「成長の虎」は独裁であるが、その理由は、貧困国はいったん経済的に離陸すると急成長し、かつ、貧困国は独裁になることが多いからである。研究結果を総合した無難な結論は、平均的にみて、独裁国は競合的な選挙を持つシステムよりも経済パフォーマンスが優れていないというものだ。しかし、民主主義体制のほうが早く経済成長するのか、レジーム間に差がないのかは不明なままである。

データ分析によれば、国民総所得の平均成長率は独裁国家がわずかにリードする。しかし、おそらく驚くべきことに、民主主義国では平均的に人口増加率が明らかに低いため、一人あたりの所得では民主主義のほうが増加速度はやや速い。したがって、政治体制は経済よりも人口動態に影響をより多く与えているようである。

急成長している国は貧しい独裁になりがちであるが、経済的な最貧国も独裁になる傾向がある。全体としては、民主主義体制は安定したペースで漸進的なパフォーマンスをみせる傾向があるのに対し、独裁の場合は成功国と失敗国の差が大きいだけでなく、同じ国でも成長期と停滞期の差が大きく、また、同じ独裁者のもとでも時期によりパフォーマンスが大きく変わるのが特徴である。これに関しても、多くの研究がある。ひとつの説明は、民主主義の場合には自由な世論の存在が危機や災害の際に政府に情報提供するという意味での、「警報」メカニズムが働いているというものだ。これが、民主主義国の場合は自然災害が起こっても飢饉を避けることができる理由である。もうひとつの理由は、選挙で選ばれた政府は、一定の多数派の支持を獲得・維持しなければならない、というもの。ある政府が、一定量の資源を三つのプロジェクトに割り当てることができる状況を考えてみよう。独裁における支配者は、もっとも見込みがあると思われる一つのプロジェクトを選択し、それに資源のすべてを割り振ることができる。民主主義の場合では、異なるグループがこれらのプロジェクトについての相反する選好を持っている可能性があり、過半数の連立を構築するために、政府は三つのプロジェクトのうち少なくとも二つのプロジェクトに資源を分配しなければならないだろう。それぞれのプロジエクトへのリターンは不確実なので、結果として、独裁は大儲けまたは大損をし、民主主義体制はより控え目な利得と損失を生み出す。おそらくもっとも重要なことは、選挙で選ばれた政府は、多くの政策、とくに所得保障を提供する政策を簡単に撤回することができないということだ。退職金はインフレ率に合わせて調整できるが、社会支出の大幅な削減は選挙政治的には自殺行為である。ビル・クリントンは、次の選挙で負ける憂き目にあわずに社会支出の削減を実行した唯一の民主的に選ばれた指導者だが、マーガレット・サッチャーでさえ社会支出の大幅な削減を試みることはなかった。

独裁における浮き沈みの激しさは、人口増加率の違いを説明できるだろう。この差は、独裁におけるより高い乳幼児死亡率や、民主主義におけるより長い平均寿命ではなく、独裁における女性一人あたりの出生率が高いことに起因する。説得力のある研究結果は、民主主義における老齢年金政策の存在は出生率を低下させるが、独裁ではそうではないというものである。これは、民主主義体制では、人びとはいったん制定された所得保障は生涯にわたって取り消されることはないという確信を持っているのに対し、独裁では、政策が変わりやすいという恐れがあり、人びとはもっとも安全な資産である子どもを確保するようになることを示唆している。

民主主義体制のあいだでは成長率の差がかなり小さいという事実は、いくつかの帰結につながっている。たとえば、投資家がリスク回避志向を持つならば、彼らは独裁における変化の激しさを恐れるはずである。とくに、独裁者が別の独裁者に変わる際に政策も大きく変わることが多いので、政治的な不安定さは独裁国家の成長の枷となる。逆に民主主義のもとでは、執行府首長の交代は制度に則し定例化されたものなので、成長率が影響を受けることはない。実際、複数の研究が、政権交代、大規模デモ、全国規模のストライキなど、政治的不安定を示唆する出来事は経済発展を妨げると主張しているが、経済発展を妨げるのは独裁に限ってのことである。もうひとつの重要な帰結は、経済政策や経済パフォーマンスの変動を抑えることである。民主主義においては、子どもの人数を含め、人びとが人生設計をより立てやすくなる。

結局のところ、競合的な選挙をおこなうシステムがより速い経済成長をもたらすかどうかは明らかではないとしても、私たちにわかっていることは、どの経済発展レベルの国においても、民主主義体制ではより高い賃金が払われ、乳幼児死亡率が低く、平均寿命が高く、経済の変易性が低いということだ。平均的な物質的福祉については、全体として民主主義に軍配が上がっているといわざるをえない。しかし、不平等はまた別の問題である。

第10章　経済的・社会的な平等

選挙による所得の平等化はなぜ期待できるのか

選挙で支配者を選ぶ政治体制は、そうでない体制に比べて、経済的・社会的な平等をもたらすと期待できるだろうか。

普通選挙権と経済的不平等とが共存するとは考えにくい。これまでみてきたように、貧困層が彼らの多数派としての地位を利用して富裕層から財産を没収するという論法は、ほぼ全世界的に受容されていた。そして現在でも、理にはかなっている。政治経済学の研究者たちのお気に入りの理論である「中位投票者定理」を考えてみよう。各個人は、労働力または資本をどの程度持つかで特徴づけられ、もっとも裕福な者からもっとも貧しい者の順に並べられる。これらの人びとは、自分の所得に課される税率を投票の際の基準にする。税収は、すべての個人に均等に分配されるか、または、すべての人が均等に評価する社会サービスや公共財に使われるため、税率と再分配の程度はほぼ同じことを意味する。ひとたび税率が決まれば、各個人は自分の持つ資本や労働力のうちどれだけを生産に割り当てるかにつき、自分で決定する。中位投票者定理によれば、ある集団が望ましいとみなす税率は選挙で決まり、ここでの望ましい税率とは有権者の選好分布の中央に位置する有権者のものであり、このような有権者とは、中央値レベルの所得を得ている人である。そして、所得の分布が右側に多く偏っている場合、つまり、データの存在するすべての国がそうであるように、平均所得よりも所得が低い人数が多い場合は、選挙による多数決政治と平等とが共存するはずである。ここでの平等とは、再分配にかかる経済上・行政上のコストを除いたうえでの、課税・政府移転後の所得における平等を意味する。

しかし、この定理の考え方はどこかおかしい。それを示す驚くべき事実が二つある。第一に、所得が不平等である程度は、政治体制が違ってもあまり差がない。一人あたり所得がどのレベルであっても、民主主義のほうが独裁よりも不平等の程度が低いというわけではない。したがって、競合的な選挙が所得格差の縮小につながるという理論的予測は満たされない。第二の事実は、さらに不可解である。民主的な政府においては、所得の不平等が非常に低いところから中程度に上昇すると、政府は税制や政府移転によって所得を再配分するが、すでに不平等の程度が高い場合には、不平等が進むと逆に再配分が少なくなる。図10－1は国際比較におけるパターンを示しているが、いくつかの国では一

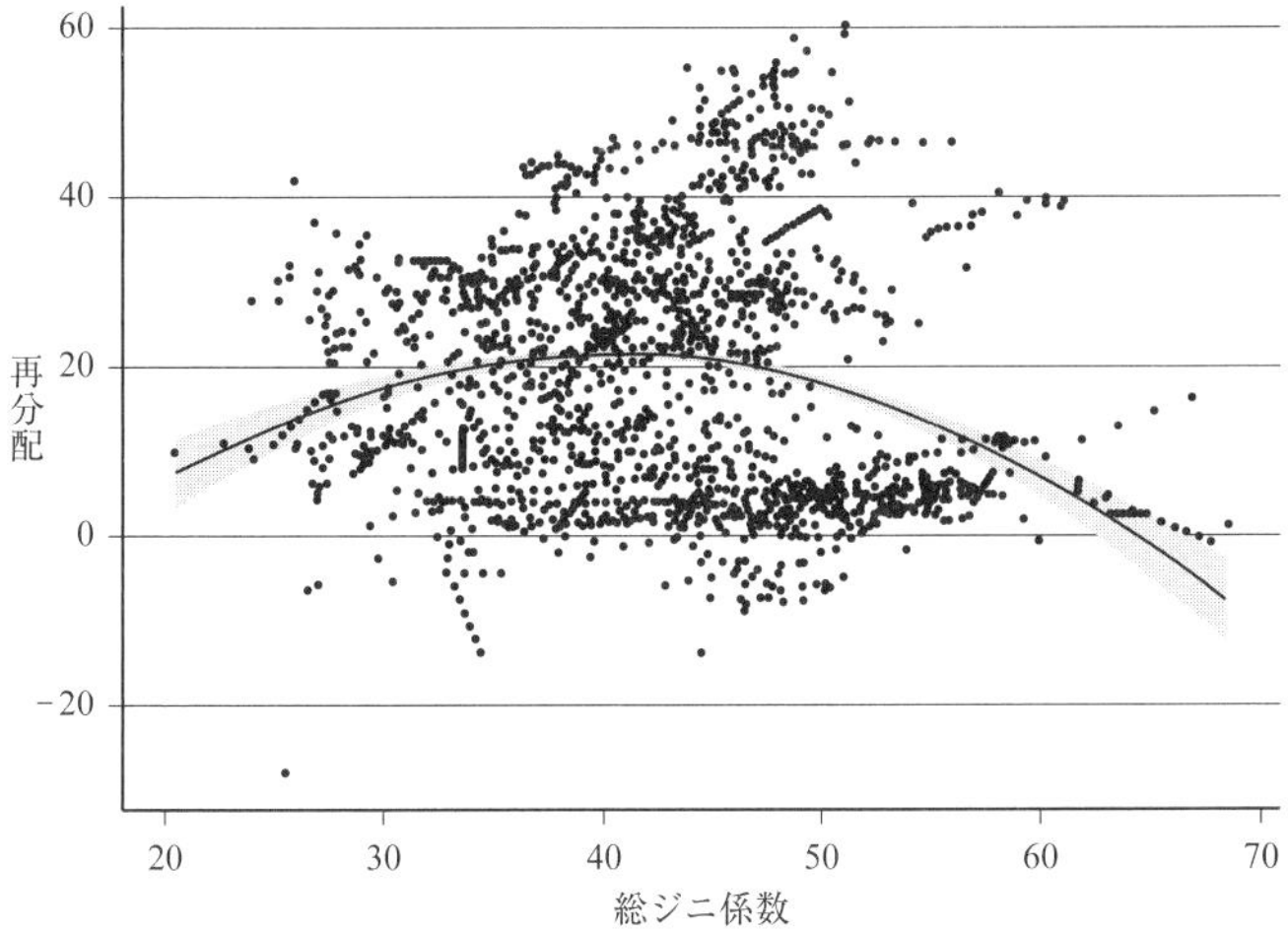

図 10－1　民主主義下での経済的不平等と再分配

注：再分配＝(総ジニ係数－純ジニ係数)／総ジニ係数
変数変換回帰。網かけ部は 95% 信頼区間を示す。

出所：経済データは SWIID〔https://fsolt.org/swiid/〕，民主主義データは CGV (2010)〔José Antonio Cheibub, Jennifer Gandhi, and James Raymond Vreeland, “Democracy and Dictatorship Revisited,” *Public Choice* 143.1 (2010): 67–101〕より。

国内で同じパターンが見られる。

実際の再分配が理論的予測より低くなる理由、つまり、なぜ「貧乏人は金持ちから奪い取らない」のかに関する説明はたくさん存在する。たとえば、政党間競合における争点が経済的なものではない次元のものを含んでいる場合、選挙が促す再分配の程度は、中央値の所得を持つ有権者が望むものよりも低い。

宗教は経済の次に重要な争点の次元とされることが多いが、もっとも重要なのは、ある国にどの宗教を信じる人が多いかということよりも、その社会のなかでの宗教や民族次元の亀裂ではないだろうか。また、一部の研究者によれば、有権者は相続など幸運によって得た所得は再分配されるべきだが、勤勉さから得た所得は再分配されるべきではないと考え、このような公平性規範に則して投票するのだと主張する。別の研究者によれば、人びとは自分の社会的流動性に対する期待にもとづいて投票しており、この場合、人びとがより豊かになることを期待しているとき、再分配に反対することになる。別の説明では、中間層は経済ではなく社会的な地位を重視し、貧困層との区別を維持したいから再分配が進まないとされている。また、再分配を実際におこなうと暴力的な紛争が起こる恐れがあるため再分配が進まない、と考える研究者もいる。世論調査によれば、平等主義的な考えを持っている有権者でも、どの政策が平等につながるのかを理解していないことが多い。これらの主張はどれも正しいかもしれないが、私の考えでは、経済的に不平等な社会では、人びとが政治的に平等ではないことが、再分配が進まない主たる原因である。

経済的不平等と政治的平等

政治的平等とは魅力的な規範上の原則であるが、「どの市民の選好も、他の市民の選好より重きを置かれることがない(1)」という仮定は、現実世界を分析するための出発点としては役に立たない。形式的な政治的平等、つまり、政治的決定に影響を与える手続き上の機会を市民に平等に提供する制度は、結果に対する実質的な影響力の平等をもたらすには十分ではない。なぜなら、実際の政治的影響力とは、その人が持つ政治的資源しだいだからである。

一八四四年のカール・マルクスによる次の指摘が、おそらくこのような指摘の最初のものだろう。

国家が、生まれや身分や教養や職業を非政治的な区別であると宣言するとき、国家がこれらの区別にかまわずに国民のあらゆる成員を国民主権への平等な参加者であると布告するとき、……国家は、生まれ・身分・教養・職業の区別を国家なりの仕方で廃止している。しかし、だからといって、国家は、私的所有や教養や職業がそれらなりの仕方で、すなわち私的所有として、教養として、職業として、作用し、それぞれの特殊な本質を発揮するのを妨げはしない(2)。

政治の領域における市民として、個人は匿名化される。裕福か貧乏か、白人か黒人か、教育があるかないか、男性か女性かといった区別は、市民のなかに存在しない。市民には何も特性上の違いはないが、しかしこれは、諸個人が突如として対等になったことを意味するのではない。個人としては、裕福か貧乏か、教育があるかないか、といった特性が残存する。もともと与えられているリソースは不平等である。そしてこれらのリソースは、政府の政策に対する潜在的な、そして実際上の影響力に違いをもたらす。民主主義体制とはすべての人に関わるシステムであり、抽象的で誰にでも同じルールを適用する営みである。しかし、さまざまな集団がこの営みに持ち込むリソースは不平等である。身長二メートルの選手のチームと、低身長のチームのあいだでおこなわれるバスケットボールの試合を想像してみれば、結果は明らかだ。政治的影響力を求めた集団間の争いがあるとき、経済的な力は政治的な力に変換され、政治的な力は経済的な力を得るための道具となる。北欧のように、政党と提携した包括的で中央集権的な労働組合が組織されれば、賃金労働者は独自の政治力を発揮することができる。しかし、経済的に不平等な社会の政治的土俵はおしなべて不平等である。

富や所得は、いくつかの経路で政治的影響力に働きかけ、多かれ少なかれ政治的不平等の発生の一端を担う。所得の差が政策の結果に影響を与えるメカニズムのうち、ここでは二つのものを検討する。

一、権利のうえでは平等でも、政治参加に必要な物質的条件を享受できない人びともいる。

二、利益団体が政治的影響力を与えようと競争することで、政治家はより大口の寄付をする団体を優遇するようになる。

社会における経済的不平等から政治的不平等が生まれる傾向がある。これは、自分の影響力を強めたり、他人の影響力を弱めたりしようとする人がいなくとも、政治的権利を行使するために必要な物質的条件を享受していない人がいるだけで起こりうる。政治的権利は、それを可能にする条件が不在では形骸化するため、物資的条件の不平等は、政治的影響力の不平等を生み出すのに十分である。これはその他の政治活動にも及ぶことだが、社会的条件の効果は、ほとんどの民主主義国では貧しい人びとの投票率がより低くなる傾向にあるという事実に顕著に現れている。再分配が重要な政治争点である国や、国家の収奪能力が高い場合には、高所得者のほうが低所得者よりも投票率が高いことが実証的に示されている。二〇一二年に欧州二四カ国で実施された調査によると、低所得層は六九％、高所得層は八五％の投票率であった。アメリカでは、二〇〇八年の所得一万ドル未満の人びとの投票率は四九％、所得一五万ドル以上の人びとの投票参加は八一％であり、二〇一二年にはそれぞれ四七％と八〇％であった。

経済的に不平等な社会で政治的不平等が生じるもうひとつの理由は、カネが選挙の結果に影響を与えたり、選挙の結果当選した政府の政策に影響を与えたりすることがあるからだ。政府の政策は人びとの福祉に影響するので、集団や個人は自分たちに有利なように政策に影響を及ぼそうとする。政策から得られる利益（つまり、彼らがよけいに支出するごとに得られる追加利益）と均衡がとれる程度の費用を、政治的影響力獲得のために使ってもいいと人びとは考えている。一方で、与党は政権を維持し、野党は政権を掌握したいと考えている。政治家や官僚には、私的な利潤や予算の最大化といった他の動機があるかもしれないが、避けられない事実とは、政治にはカネがかかるということだ。したがって、たとえ政治家が求めていることが選挙に勝つことだけであっても、政治家は最低限「アクセス」という形で、または政策という形で直接的に政治的影響力を売りたいと考えているのだろう。そして、高所得者は低所得者よりも再分配によって失うもののほうが大きいので、金持ちのほうが政治にカネをかける。

このため、実効性のある政治的平等は、社会的・経済的に不平等な社会では成立しえない。

政治的不平等と再分配

政治的不平等は、あらゆる政策を高所得者や富裕層に有利なほうに向かわせる影響を持つ。とりわけ、全有権者が選挙に参加し、かつ政府政策に平等な影響力を持っている場合と比較すると、所得再分配の程度が低くなる。政治参加に対する社会的条件の影響や、政府の政策に対して政治力を行使しようとする競争の影響は、国によって異なる。左翼政党が政権を握り、中央集権的な労働組合のある国では、これらの影響は小さいようである。アメリカのように、カネが臆面もなく無制限に政治に流入している国では、経済的不平等の影響は著しく大きい。アメリカにおける政府政策がどの程度世論に対応しているかに関するもっとも網羅的な研究をおこなったマーティン・ヒレンズは、次のように彼の知見をまとめている(3)。

私の研究結果は、ダールが定式化したデモクラシーにおける政治的平等の概念とは両立しがたい。アメリカ政府は国民の選好に応答しているが、その応答性は富裕層に対するものに強く偏っている。実際、ほとんどの場合に、政府がどのような政策を採用し、またはどのような政策を採用しないかということに、大多数のアメリカ人の選好はほとんど影響しないようである。

さらに、図10-1で示したように、所得の再分配は一般的に進まないというだけでなく、ある程度の所得の不平等のレベルを超えると、不平等が拡大するにつれて再分配はさらに進まなくなる。所得の不平等が低いレベルから高くなるにつれ、多数派は再分配の増加を望むが、その選好はこの時点では高所得者の政治的影響力の増加のペースよりも重要である。しかし、いったん所得格差がある程度以上に大きくなると、政治的不平等も大きくなるので、多数派が再分配を望んだとしても富裕層が政治を支配し、再分配の割合は低下する。これが、富裕層が政治的に強い影響力を持つ場合に起こることである。

このような政治的不平等があることから、選挙は、可処分所得や税移転後所得の分配や、無償の社会サービスの提供に関して限られた効果しか発揮しない。したがって、民主主義体制に対するさまざまな期待や脅威、希望がある一方で、実際には、持って生まれた財産の違いと市場とによって生じる不平等を是正するための効果を民主主義は持たない。

悪循環

経済的不平等は、政治的不平等をもたらす。政治的不平等は、富裕層に有利な政府政策をもたらす。したがって、経済的不平等は永遠に続くことになる。

データが示すのは、次のようなことである。第一に、所得分布は長期的にみると非常に安定している。所得分布の偏りの程度は国によって大きく異なるが、それぞれの国の不平等は時系列でほとんど変化がない。高所得者層の所得シェア（上位一％の高額所得者の人口に占める割合）だけが、長期的には変動している。雇用所得の分布は、二〇世紀にはほとんど変化がなかった。第二に、不平等の程度は、その是正をはるかに上回るスピードで上昇しているようである。アメリカでは、所得格差は一九七〇年ごろまで一定の水準で推移していたが、その後急激に拡大した。第三に、外国支配にともなう大土地所有層の破壊（日本による韓国占領やソヴィエトによる東欧占領）、ソ連での革命、またはノルウェーやスウェーデンで起こったような戦争や貧困層の大量移住などの大転換を経験することなしに、雇用所得を急速に平等化できた国はないようである。超富裕層は、二度の世界大戦と一九二九年の恐慌の際にとりわけ影響を受けた。要するに、市場機能は、所得分配の「ニュートン力学的」法則として、所得の不平等を増大させる効果を持つようである。この効果は、政府が積極的に対抗措置をとるか、何か劇的な事件が起こらない限り、避けることはできない。

第11章　平和的な紛争処理

紛争処理の方法としての選挙

平和に、かつ自由を損なわずに政治的対立を処理するにはどうすればよいだろうか。

この疑問に驚く読者もいるかもしれない。なぜなら私たちは、ある一定の周期で政党が選挙で競い合い、市民が投票し、誰が勝って誰が負けたかを教えてくれるルールがあり、選挙戦が激しかったとしても、これらのルールが繰り返し守られるのが当然だと考えているからである。さらに、いったん政権が形成されれば、比較的平穏に統治がおこなわれる。二〇〇〇年のアメリカのように、選挙結果に重大な疑念が生じた場合も、市民の平和は維持されている。しかし、これは新しい世界での話なのだ。これまでみてきたように、政党が平和裡に政権交代をする競合的な選挙が繰り返されるようになったのは、ごく最近の、一部の国だけの話である。政治にまつわる暴力は頻繁に噴出し、こんにちでもなお噴出し続けている。

ここでの問題設定は、次のようなものである。個人であれ、集団であれ、組織であれ、土地、収入、大学入学、臓器移植、軍での昇進など、何らかの財をめぐり人びとが対立しているとしよう。自分はそれを欲しいと考え、他人もそれを欲しがっている。ときには、自分のものではないものも欲しいと考えるかもしれない。あるルールに則ると、ほかの誰かがそれを得ることになる。なぜ自分はそのルールに従わなければならないのだろうか。

政治的な対立は、財の配分以外の問題であることもある。ときには宗教上の理由から、他人がどのように振る舞うべきかに関する強い意見のために紛争が発生することもある。また、純粋な権力欲、野心、虚栄心が理由の場合もある。さらに、些細な問題でも強い感情を引き起こすことができる。たとえばフランスでは、サッカーのフランス代表チームのメンバーが「ラ・マルセイエーズ」の斉唱を強制されるべきか、あるいは二〇〇〇人の女性が公共の場でブルカ〔顔を覆うスカーフ〕を着用することを認めるべきか、誰もが明確な見解を持っている。

対立はどこにでもあり、ときに激しい情念をともなう。では、人びとの政治的自由を制限することなく、誰の利益、価値観、野心が優先されるべきかが明確な手続きやルールに則って、平和にこうした紛争を処理するにはどうしたらよいのだろうか。

政権が変わるかもしれないという見通しは、紛争の平和的処理をもたらすかもしれない。この主張を単純化して理解するために、歪んでいないとは限らないコインを使い、コイン投げで政府が選ばれる状況を想定しよう。コインの「表」は現政権の再任、「裏」は退陣を意味する。このように「勝者」と「敗者」が指定される。この指定は、勝者と敗者がすべきこと、すべきでないことについての指示でもある。勝者は、ホワイトハウスやピンクハウス、または宮殿に住まいを移さなければならない。そこにいるあいだ彼らは、憲法の制約内で自分自身と自分の支持者に有利なことができるが、任期の終わりがきたらふたたび同じコインを投げなければならない。敗者は公邸に引っ越せず、勝者に与えられるもの以上には得るものがないことを受け入れなければならない。

支配の権限が抽選で決まる場合、市民は、政権着任前であろうが着任後であろうが選挙を通じて制裁を課すことはできず、現職は在職中に良く振る舞うための選挙上のインセンティブを持たない。抽選で政権を選ぶことで、政府のパフォーマンスとその地位に居続けることとは無関係になり、再選を目指してよりよく市民を代表しようと政府が行動するとは期待できない。要するに、選挙と代表性とのあいだには関係がなくなってしまう。しかし、政府が交代するだろうという見通しは、敵対する政治勢力のあいだで、暴力に訴えるのではなく、ルールの遵守を促すだろう。敗者は今回のコイン投げの結果を受け入れることで一時的に苦しむが、次回逆転できる可能性が十分にあれば、政権奪取のために暴力に訴えるよりも、コイン投げの結果に従うほうを選ぶであろう。同様に、勝者は、再度コイン投げはしたくはないかもしれないが、それでも、権力が奪取された際に暴力的な抵抗を引き起こすよりは、平和裡に退陣したほうがましであろう。

ある選挙での敗者の視点から状況を検証してみよう。彼らは力ずくで権力を掌握するために暴力に立ち戻るか、負けたコストを受け入れて次回のコイン投げで勝つのを待つか、いずれかの選択に迫られている。敗者の選択は、暴力に訴えた際に勝つ可能性、暴力的に争う場合のコスト、敗者として支配されることにともなう損失、そして次回勝利する可能性に依存する。彼らの選択はどちらにもなる可能性があるが、勝者がとる政策が極端でない限り、あるいは次の機会で勝つチャンスが十分にある限り、彼らは次の機会を待つことにするだろう。

一方で勝者は、敗者が武力に訴えるのを防ぐためには、政策を穏健にしなければならないこと、また、現在の敗者が将来的に勝てる可能性を潰すように現職の優位性を乱用すべきでないことを知っている。コイン投げによる紛争の処理は、相手側も同じように行動するという条件のもとでは、平和裡にチャンスを待つのがそれぞれにとって最良の選択であるという状況を生み出す。流血は、政権交代が期待できるという事実だけで回避される。

二〇〇〇年のアメリカの大統領選挙を考えてみよう。投票に行った有権者のほぼ半数にのぼる人びとは、この選挙結果に失望していた。しかし彼らは、二〇〇四年には勝てる機会が来るであろうことを知っていた。そして二〇〇四年を迎え、選挙結果は疑う余地のない負けだったので、さらに失望した。それでも彼らは二〇〇八年に期待していた。そして、ジョージ・W・ブッシュとディック・チェイニーを選出し、さらに再選させた国で、二〇〇八年にバラク・オバマが選ばれると誰が予想しただろうか。アメリカ人の大多数が、四年後の敗北を期待してドナルド・トランプの勝利を受け入れるのも、これと同じである。

しかし私たちは、ランダムに結果を生む装置を使っているのではなく、投票をするのである。投票とは、意志の上に意志を重ねることである。つまり、投票によって決定が下される場合、自分とは異なる意見を持つ人や、自分の利益に反する決定に従わなければならない人が生じる。投票は勝者と敗者を生み出し、たとえ制約の範囲内であったとしても、勝者が彼らの意志を敗者に押しつけることを正当化する。投票による決定とは、そうでない場合と比べ、どのような違いがあるのだろうか。ひとつの答えは、投票権があることで、投票結果を尊重する義務を人びとに課しているというものである。つまり、敗者が決定に従う理由は、自発的に参加した決定プロセスの結果に従う義務があると考えているからだ、という見解である。この見方に立てば、政権選択の決定過程に参加できる限りは、人びとがまだ確定していない内容の決定を受け入れる準備ができているという意味で、選挙の結果は「正当」である。だが私は、この見解に説得力を見いだせない。ここは政治理論研究の中心的な論争に参加する場でないのは明らかだが、私はハンス・ケルゼンが指摘するように、「どの個人も他人よりも重視されることがないという純粋な否定の仮定は、多数派の意志が勝つべきだという肯定の原則の推論を許さない(1)」という見解を支持する。

とはいえ、私は、投票は別のメカニズムからルール遵守をもたらすと考えている。投票は「力こぶをつくること」と同じ、つまり、起こりうる戦争の勝率を予測できることに匹敵する。もし、すべての人間が同じ強さ、あるいは同じ程度に武装しているのであれば、投票分布は紛争の結果の近似値である。もちろん、戦う能力が専門的かつ技術的になり、いったん物理的な力が単なる数の力から乖離すると、もはや投票から暴力をともなう争いの勝率を読むことはできない。しかしながら、投票からは、人びとの持つ情熱や価値観、利益に関する情報が明らかになる。もし選挙が反乱の代わりにおこなわれる平和的な行為であるとするならば、選挙は、誰が何に対して反乱を起こすだろうかを全員に知らせる役割を持つ。選挙は敗者に対し、「これが力の分布である。選挙の結果が伝える指示に従わなければ、暴力的な対決で私を倒す可能性よりも、私がお前に打ち勝つ可能性のほうが高いだろう」と知らせ、また、勝者には、「次の選挙をおこなわなかったり、過度な収奪をしたりすれば、お前に最大限の抵抗を仕掛けるだろう」と伝えているのだ。

選挙は、現職が圧倒的に有利な立場を享受していても、対立する政治勢力が最終的に暴力的な抵抗をおこなう可能性についてのある程度の情報を提供する。支配者（個人、政党、派閥）が選挙ではなく力ずくで権力を掌握した体制において、選挙をまったくおこなわない場合には、彼らが力ずくで排除されるまで、その支配は平均二〇年続くという分析結果がある。支配者が野党を許容しないながらも選挙をおこなっている場合には、二五年継続する。また、ある程度競合的な選挙をおこなった場合には、クーデタやその他の暴力的な政権奪取まで四六年かかる。これに対し、選挙で少なくともいちどは平和的な政権交代を経験した場合には、暴力的な政権奪取は八七年にいちど起こるだけである。したがって、選挙をおこなうというだけでも暴力的な紛争の頻度を減少させ、それほど競合的ではなくとも野党が存在する選挙では頻度はさらに減少し、実質的に競合的な選挙は、暴力的な紛争の頻度をほぼゼロにする。選挙は、支配の限界を明らかにすることで政治的暴力を減らすのである。

結局、民主主義の奇跡とは、対立する政治勢力が投票結果に従うということである。銃を持っている人が、持っていない人に従う。現職は、選挙により野党に政権の座を奪われるリスクを負う。敗者は、政権を獲得するチャンスを待つ。紛争は規制され、ルールに従って処理されるため、限定的になる。これは合意とはいえないが、暴力的ではない。いわばルールのある紛争、すなわち殺戮のない紛争である。投票用紙とは「紙でできた石つぶて」なのである。

競合的選挙を平和的におこなう条件

この民主主義の奇跡は、常に機能するわけではない。選挙が競合的であり続け、その結果が人びとに平和裡に受け入れられるためにもっとも重要なのは、その選挙において「賭け」られているもの、つまり、勝った側の政策と負けた側がもしも勝っていたら追求しただろう政策との差が、少なすぎても多すぎてもよくないという点である。あるいは、差が大きい場合には、今回の選挙の勝者が次回当選する可能性が低くならなければならない。要するに、ある選挙の結果がもたらす政策帰結に差があればあるほど、次の選挙で現職が勝つ確率が低くなるということだ。この結論に至る推論は直感的である。もし勝った側が今後の選挙での敗北が自らや支持者にとって悲惨な結果になると恐れるならば、現職はルールを操作したり、野党を弾圧したり、不正行為に及んでまでも、敗北しないように可能な手はすべて打とうとしたりするだろう。つぎに、野党側にとっては、勝者が野党の利益や選好を大きく損なう政策を追求しているとしても、次の選挙で勝利して軌道修正する相応のチャンスがあると予想される場合にのみ、次の選挙まで辛抱強く待ってもいいと考えるだろう。

これらの条件が満たされない場合、現職は憲法に違反しても権力を維持しようとする誘惑に駆られるか、野党は暴力を使っても勝者の就任を阻止する誘惑に駆られる。選挙が競合的かつ平和的であるのは、勝者は将来的に野党の勝利を許すだろうと野党が期待し、かつ、野党が現職を負かしたとしても次の選挙では現職の復帰を許すことで同じように報いてくれるだろうと現職が期待している場合のみである。この主張における重要な結論は、選挙は長期的にみて大きな変化をもたらせないという点である。つまり、選挙では、賭けられているものが小さいか、政権が変われば元の政策に戻るかの、どちらかである。したがって、選挙の結果を容認できない場合には暴力に訴えられるという競争の論理は、選挙では社会的、経済的、あるいは政治的な状況を大して変えられないことを示唆している。

選挙を競合的に保つには、一人あたりの所得の高さと経済的平等の両方が必要不可欠だ。競合する政党や連立どうしの経済政策の違いは、所得が高くなればなるほど重要ではなくなるからである。選挙で自分の党が勝てば収入は一〇％増え、負ければ一〇％減るとしよう。そうすると、選挙の結果によって生じる効用差は、所得が高くなれば小さくなる。したがって、一人あたりの所得が高い国や、一国のなかでの高所得層にとっては、どのような選挙結果でも大差ない。

ここで、歴史的な経験を振り返ってみよう。豊かな国では、勝者と敗者の両方が常に選挙結果に従

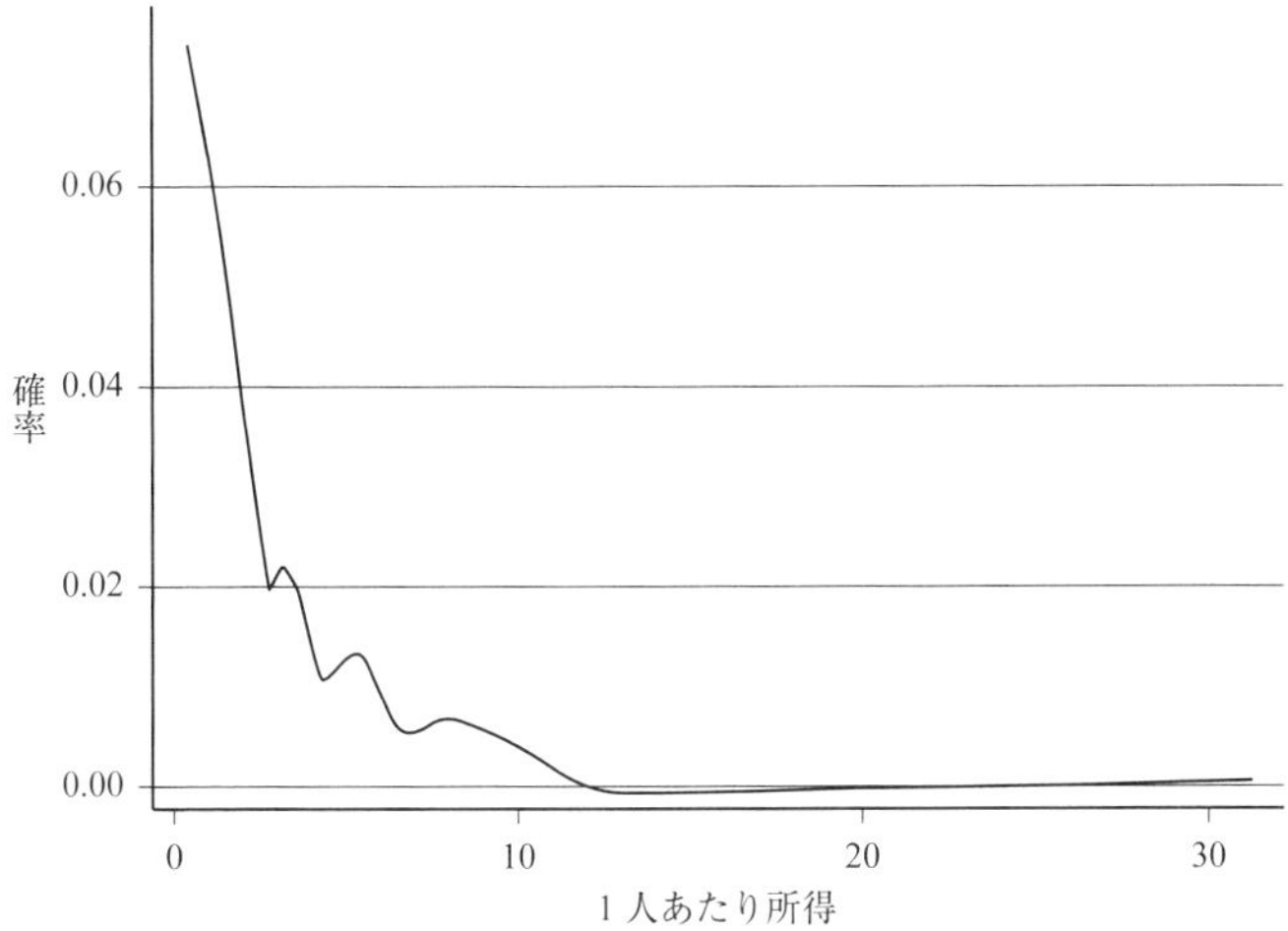

図11－1　1人あたり所得別の民主主義の崩壊確率

注：Lowess 平滑化線を使用。所得の単位は 1,000 米ドル。

ってきた。図11－1が示すように、一人あたりの所得が大きくなると、選挙ではない方法で支配者を選ぶようになる確率はゼロに収束する。経済的に貧しい国では約七〇の国で民主主義が崩壊したが、豊かな国では、戦争、暴動、スキャンダル、経済、政府の危機など、何が起こっても民主主義は生き長らえてきた。

一九四八年にコスタリカで選挙が実施された際、一人あたりの所得は約一五〇〇ドルだった。選挙結果はほぼ拮抗していた。二人の大統領候補の得票数はほぼ同数であり、不正行為の疑惑が蔓延していたことで、どちらが実際に勝ったのかを判定するのは不可能だった。誰が決断を下すべきかは明らかではなかったが、議会は、公式にはやや得票数の少ない候補者を勝者と宣言することにした。そのあと内戦が勃発し、約三〇〇〇人が犠牲になった。同じような選挙が別の国でも起こった。二人の大統領候補者の得票数はほぼ同数で、不正行為の疑惑が蔓延し、実際に誰が勝ったのかを判定するのは不可能で、選挙結果はどちらともいえないものだった。誰が決断を下すべきかは明らかではなかったが、一方の候補者の父親が判事の一部を任命していた最高裁により、公式にはやや得票数の少ない候補者が勝者と宣言された。その後、人びとはガーデニングのために自家用車に乗って帰路についた。この国[*7]では一人あたりの所得が約二万ドルだったので、人びとは自家用車と庭を持っていたのだ。

所得の高さは選挙を競合的にする十分条件であるが、必要条件ではない。競合的な選挙を実施し、選挙での敗北を受け入れることは、政治家が学ぶことである。選挙によって公職から追われる可能性を設けることは、過去にいちどもこのような出来事を経験したことがない国では困難であり、だからこそ六八カ国ではいまだにこのような経験がない。その理由は、選挙による平和的な政権交代がいちども起きていない国では、敗北したら何が起こるのか支配者が知ることができないからである。このような状況は、選挙がおこなわれなかったため、野党の活動が実質的には阻まれていたため、あるいは、有権者が自発的に政権を支持し続けたために生じたのかもしれない。理由はどうであれ、選挙で負けるかもしれないという可能性は、支配者にとってまったく未知の世界である。敗れた現職は、いつの日か政権に復帰する見通しを持って、政治的に無傷で生き残ることになるのだろうか。それとも、死、投獄、追放に至る危険や、社会的・政治的な生命を根絶される危険を冒すことになるのだろうか。誰も通ったことのない川を渡る支配者にとって、公職を失った場合にほかには何を失うことになるか、どのくらい深く沈むことになるのかは見通せない。

しかし、いちど現職が敗北して平和裡に政権を譲ってしまえば、敗北した現職の処遇に関する不確実性の多くは消えてなくなる。今回の選挙での勝者は、敗北した政党が進んで敗北を認め、平和裡に退陣したことを知っている。したがって、新しい現職が直面するリスクは軽減される。このような出来事、つまり、選挙による政権交代が繰り返されると、それは日常的なものになる。過去にいちども交代を経験したことのない国では、次回選挙で政権交代が起こりうる確率は一二%にすぎない。過去にいちどは選挙での政権交代があった国では、この確率は三〇%となる。過去に二回の交代を経験した国では、次の選挙で政権交代が起こりうる確率は四五%と、ほぼ二回に一回の選挙である。

選挙を通して政権を変える慣行は簡単には確立できないが、経験を繰り返すことで定着していく。選挙によって支配者を変える慣行は、制度的・経済的に異なる環境においても、自発的に強化されるものである。選挙は、その結果如何で失うものが大きくないとき、また、競合する政治勢力が敗退は致命的ではないことを経験を通じて学ぶとき、紛争を平和裡に処理する。

第12章　結　論

選挙とは、期待と失望が混在する現象である。通常の選挙政治は、畏敬の念を抱かせるような光景ではない。矮小な野心家たちの果てしない争い、隠蔽と誤解を招くよう設計されたレトリック、権力とカネの後ろ暗い関係、正義を装おうともしない選挙関連の法律、特権を強化する政策。それが良いことか悪いことかはわからないが、選挙参加の有効性が感じられないことで失望する人もいる。政府が、本来するべきことをおこない、付託されていないことはおこなわないよう保証できない選挙の無能さに不満を抱く人もいる。また多くの人は、選挙で選ばれる政府が人びとの生活を改善できていないことに不満を抱く。しかし、こうした不満は的外れな部分もある。政治のメカニズムは、その国における所有構造、市場、政軍関係、社会・民族・宗教的な分断、価値観や伝統などの、社会のあり方の一部として埋め込まれている。どのような政治のメカニズムにおいても、それが達成できることはどれも社会状況によって制限されているのである。選挙というメカニズムが、それ以外の支配者選択のメカニズムが生み出せない結果を生み出せると期待すべきではないし、政府は全能でも全知でもない。

政府を選択する方法を考える際の出発点は、私たちは統治されることから逃れられないということである。統治されるとは、やりたくないかもしれないことをするよう強制され、やりたいかもしれないことをするのを禁じられることを意味する。これだけは避けられない。選挙は、支配者を選ぶためのもっともましなメカニズムだ。なぜなら、単純多数決制のもとでは、選挙は私たちが統治される法律に対する大衆の不満を最小限に抑えることができるからである。世襲、共謀、武力によるものなど、その他のメカニズムで選ばれた支配者は、誰も望まないような方法で統治できるが、選挙で選ばれた統治者は、ある程度の多数派の要望に従わなければならない。しかし、選挙は一時的な勝者と敗者を必然的に生み出す。また、そのメカニズムが日常的かつ平和裡に機能するにあたり、選挙によって失うものが多すぎる状態は避けられるが、それでも敗者の側になるのは不快である。要するに、一部の人は常に選挙結果に不満を持っている。

さらに、当選した側にとっても投票した側にとっても、選出された政府が自分の望みや公約を実行するかどうかはわからない。任期中に状況が変化した場合、人びとは政府が公約を反故にすることを求めるかもしれないため、選挙による政府に対する意思表示は拘束力を持たない。また、状況が変化した場合、政府が最善を尽くしているのか、自らの利益や誰か他人の利益を追求しているのか、有権者には判断がつかない。

逆に、再選を望むのなら、政府は次の選挙までに自分たちの行動の結果を有権者がどう判断するか予測しなければならない。しかし、有権者はこれらの結果が政府の行動によるものなのか、あるいは政府のコントロールを超えた状況によるものなのか確信を持てないため、政府は論点を曖昧にし、責任逃れできる。したがって、選挙が持つ、政府をコントロールする事前のメカニズムも事後のメカニズムもあまり効果的ではない。国によっては政府の活動に対する情報公開が進んでいる場合もあるが、ここで指摘していることはどのような政治システムのもとでも避けられない。

生活に不満があるとき、私たちは政治家のせいにしがちだ。政治家みずからがそれを求めている部分もある。こうすることで政治家は、選挙戦において、有権者の期待を満たすためにできることはほとんどないとわかっていても、政府に対する期待を盛り立てる。これもまた、選挙につきものの特徴である。候補者が、高失業率、低賃金、地域の治安を改善するためにできることなど何もないと、有権者に語りかける姿を想像してみてほしい。そのような政治家は一票も獲得できないだろう。私たちは、政治家にできることはほとんどないのではないかという疑念を抱いていたとしても、政治家が希望を与え、約束をするものであってほしいと考えている。しかし善意を持った政府でさえ、できることには限りがある。なぜなら、ひとつには、何をするのが最善かは誰にもわからないことが多く、政府もまたわかっていないからである。政府は、何をしてよいかわからないときでも何もしない贅沢は許されないという、残念な境遇にある。需要を喚起するのか、財政規律を推進するのか、どちらがよいのか明確でない場合でも、どちらかを実行し、行動しなければならない。ベストな経済政策、教育政策、福祉政策は、専門家のあいだでも意見が分かれやすいため、政府がアドバイスを求めると、専門家らはしばしば、「一方では、……」、「他方では、……」というように話す。

経済的不平等に対しては、政府はとりわけ無力のようである。この無力さは、私たちが暮らす社会における所有構造に起因している。つまり、生産手段の所有者による投資や雇用に関する決定が、その他すべての人びとの生活に影響を与える社会である。資本主義のために、選挙を経て到達できる決定には限界があり、その限界はあらゆる政府を拘束する。それでも、政府が経済的不平等を削減しようとする際に足かせとなるのは、経済をコントロールする富裕層の政治力である。すべての市民が政府の政策に影響を与えられる平等な権利を享受していても、経済的不平等がある場合、政府政策に対する実際の影響力は平等ではない。経済的不平等は政治的不平等を生み、政治的不平等は経済的不平等を再生産する。この悪循環から抜け出すことは困難である。

しかし、政府はそれぞれに違いがあるので、ある政府が他の政府より優れていると考えるのは不合理ではない。これが、失望と希望のサイクルにつながっている。選挙はいつでも私たちの希望を再燃させる。私たちはいつになっても公約につられ、選挙で誰かを支援する。それが可もなく不可もないクオリティの大衆向けのスポーツのようなものであったとしても、刺激があって魅力的だ。しかもそれは大事なものであるとされ、擁護され、有り難がられている。たしかに、民主主義の機能に対する不満が強い人にとっては、民主主義をあらゆる状況下での最良のシステムとして捉える可能性は低い。

だが多くの人は、選挙戦を手伝ったり選挙で投票したりすることで、自分たちの価値観や利益を前進させることができるのではないかと常に願っている。

次回またはその次の回では選挙に勝てるかもしれないという期待が、このような政治的行動と選挙を結びつける結節点である。選挙とは、ある社会における個人や集団という「政治勢力」が、ときには互いに対立する利害や価値観を推進するために争う方法である。選挙とは、良い政府、合理性、正義、発展、平等など、私たちが望むものを何でも与えてくれるメカニズムではなく、異なる選好を持つ人びとが何らかのルールに従って争いを処理する場所にすぎない。したがって、選挙が生み出すものは、これらの行為主体が何をするかに依存する。しかし、今回の敗者が将来的に勝ち組になるチャンスがある限り、選挙が「競合的」、「自由」、もしくは「公正」である限り、敗者は自分の番が巡ってくるのを待つことができる。平和裡に紛争を処理するのに合意は必要ない。「団結は力なり」というスローガンは感動的かもしれないが、選挙ではたとえ分裂していても力を発揮できる。ノルベルト・ボッビオの言葉を借りれば、「民主主義とは、流血なしに紛争を解決する……一連のルール以外の何ものでもない」[1]。これが、選挙の本質である。

選挙と民主主義

本書で検討したことのひとつは、投票は選択を意味しなくてもよいこと、そして、過去だけでなく現在でも、世界中の多くの選挙では、「選挙」と呼ばれるイベントが人びとに政府を選択する可能性を与えないということだ。しかし、競合的な選挙だけが民主主義のすべてなのだろうか。

これに関しては、意見が大きく分かれている。ひとつの観点は、とくにヨーゼフ・シュンペーターに代表されるように、多数決で選ばれた政府は、誰にも制約を受けない統治ができるべきだというものだ。[2] 逆に、すでに述べたような、超多数派主義や反多数派主義のルールや制度によって政府の裁量は制限されるべきだという見解もある。反多数派主義的な観点は、制約を受けない多数派は横暴で専制的になりうるという脅威を反映している。ジェイムズ・マディソンは、「もし人が天使ならば、どのような制度も必要ないだろう[3]」と表現する。彼の主張は、多数派は自己抑制がきかないので、悪意のある、または、感情に流されやすい政府から人民を保護するためには、何らかの外部からの制約が必要である、というものだ。しかし、これに対する反論として、多数派支配に制限を設けることは政府が人民に対して危害を与えることを防ぐかもしれないが、同時に多くの善行も妨げてしまうことが考えられる。とくに、チェック・アンド・バランスという形での権限分割は、政府による効果的な統治を不可能にする。

私自身は、さまざまな留保をつける必要があるとはいえ、単純な多数派主義を支持している。第一に、そしておそらく驚くべきことに、理論的な観点からいえば、超多数派主義のほうが単純多数決よりも専制的な政府を生み出す可能性が高いという結論になるからだ。たとえば、立法過程で三分の二の支持といった超多数派を獲得するハードルをクリアすることは難しいが、超過半数を超える支持のある政府や、立法府、執政府、司法府すべての機関を支配する政党は、選挙で負ける恐れがほとんどないので、過激な行為に走ることができる[4]。一方、通常の過半数に支えられている政府は、次の選挙での有権者の投票を恐れることから、自制的になる。第二に、実証的な分析によれば、スウェーデンやイギリスのようなチェック・アンド・バランスがほとんどない国では、ガバナンスにおける制度が分断されている国と比べて、政策の揺らぎが激しくならず、権利侵害の可能性も低い[5]。このように、制度的に、制限を設けることを支持する主張は理論的にも実証的にも説得力がない。

私が留保している点は、すでに述べてきたことである。政府与党は、自党の不作為だけでなく、多数派が望まない行動をした際に責任逃れをする多くの手札を持つ。また現政権は、メディアの脅迫や買収、官僚機構の政治的利用、反対派の投票阻止など、すでに指摘したさまざまな他の手段によって多数派を「製造」できる。したがって、民主主義における重要な制度とは、選挙の結果を左右するために政府がおこなう権力乱用を防ぐ制度である。それらは、執政府から独立した機関による選挙の運営と監視、司法府または独立機関による政治献金の規制、政治的権利が厳正に執行できるようにする制度などである。これらはすべて、選挙が真に自由であるために必要なものとしてロバート・ダールが列挙した条件に含まれている[6]。これらの条件がどの程度維持されているかは、過去六〇年間、国により異なるので、「民主主義の質」の高低を語るのは理にかなっている。とくにアメリカでは、政治へのカネの流入はほぼ無制限で、選挙区レベルの選挙管理機関では、政敵に投票しそうな有権者の投票を妨害する形での職権乱用が存在する。一方で、スウェーデンのような民主主義の長い歴史を持つ国では、そのような慣行ははるかに少ない。

結局のところ、私の見解は、誰によってどのように統治されたいかを国民にできるだけ自由に決めさせるようにしたうえで、政府に統治させるというものだ。とはいえ、異なる意見を持つ人も多いことはよく理解している。

民主主義は危機に瀕しているのか

アメリカでのドナルド・トランプの勝利、西ヨーロッパのいくつかの国での反体制政党の台頭、とくにハンガリーやポーランドなど東欧のいくつかの国での政府の権威主義的傾向をみて、民主主義の危機の前触れと捉える人もいる。民主主義への支持低下を示す数々の調査結果は、「民主主義の後退」や「民主主義の弱体化」の兆しとして解釈されている。しかし、このような危機の扇動は、メディアの売り上げや知識人の売り込みのために都合のいいものでもあるので、こうした解釈に疑いをはさむ余地もある。たしかに、過去六〇年間に出版された本のタイトルを眺めると、民主主義は常に危機に瀕しているようだが、この危機とはハンガリーのマルクス主義者、ゲオルク〔ジェルジュ〕・ルカーチの言葉を借りれば、「ブルジョワ社会の日常生活の強調にすぎない」。気に入らない政党の選挙での勝利は、民主主義の危機では決してない。自らの反対派に「反民主的」というレッテルを貼るのは、政治のお決まりのレパートリーにすぎない。しかし、民主主義に対する市民の態度と、一部の政治リーダーが声高に叫んでいることとの組み合わせは、たしかに不吉かもしれない。

「民主主義の危機」は、劇的な形態の場合もあれば、そうでない場合もある。それは、民主的に選出された現職による選挙の不履行、野党の勝利を阻止するほどひどい反対派に対する抑圧、軍による暴力的な権力掌握など、わかりやすい民主主義の崩壊を意味するのかもしれない。または、民主的な制度が形式上は保たれてはいるものの、「ポピュリズム」、「イリベラル〔リベラルでない〕民主主義」などとさまざまに呼ばれる形で、政治指導者が民主主義の制度的な規範は無視して「人民」に直接訴えかける支配を意味するのかもしれない。民主主義のあからさまな崩壊は比較的容易に特定できるが、民主主義の「危機」がどの程度の、どのようなものであるかは、必然的に主観的な評価となるので、見解に相違があるのは当然である。

まずは、簡単な問題から考えてみよう。経済的に発展した国において民主主義が崩壊する可能性はどの程度だろうか。一九二〇年代と一九三〇年代のヨーロッパでのファシズムの出現は、悲劇的な出来事として昨今の民主主義の危機を考える際に頻繁に言及されるが、ファシズムが権力を握った国は現在に比べて悲惨なほど貧しかったという単純な理由から、これらの事例を引き合いに出すのは有益ではない(7)。一九二二年にイタリアの一人あたりの所得は二六三一ドルであったのに対し、二〇〇八年の時点では一万九九〇九ドルである。ドイツでは一九三二年に三三六二ドル、二〇〇八年には二万八〇一ドル、オーストリアでは一九三二年に二九四〇ドル、二〇〇八年には二万四一三一ドルである。一九二〇年代・一九三〇年代は、今とはまったく異なる世界だったのである。そして、これまでみてきたように、一人あたりの額でみた所得レベルは、民主主義の存続を予測する非常に強力な要因である。アメリカの民主主義が二〇〇年続いたという事実を無視しても、現在のアメリカの所得レベルから計算した、現職が選挙をおこなわないか、野党が当選できないような選挙をおこなう確率は、各年において一八〇万分の一程度である。もし歴史から教訓を得られると考えるなら、アメリカのように一人あたりの所得が高い国で、民主主義が完全に崩壊するのはまったく想像の範囲外である。しかし、歴史は信頼できるガイドではないかもしれず、いくつかの破滅的で前例のない出来事は歴史を沈黙させるかもしれない。

一方、世論調査での質問への回答から民主主義の安定性を推測することは、注目を集めるにはよいかもしれないが、妥当な分析ではない。まず、「民主主義」が最良の政府形態なのか、自国が「民主的に」統治されることが不可欠なのかと問われても、国も時代も異なる人びとが「民主主義」を何と理解しているのか誰にもわからない。研究者のあいだでさえ、「民主主義」をどう定義するかに関しては熱い論争がある。「多数決型」、「自由主義」、「代議制」、「直接」、「社会主義的」、さらには「権威主義的」といった区別や形容詞を「民主主義」に加えるほどに。また、エリートは民主主義を制度の問題として認識しているが、いくつかの調査では、一般大衆は民主主義を「社会的・経済的な平等」の問題として考えがちであることを示している。さらに、多くの人が「強いリーダー」に統治されたい、または党派性のない「専門家」に統治されたいと考えていると最近の調査が示していたとしても、それはリーダーや専門家を選ぶ際に発言力を持ちたくないということなのだろうか。選挙で政府を選ぶという志向は後天的に形成されるものであるが、いちどこの志向を獲得すると逆行は難しい。(8) 政府に対して有能であることを望み、人びとの生活を改善できる程度に効果的であるよう期待することは、政府を選択する権利や、政府が失敗したときに政府を交代させる権利を放棄することを意味しない。最後に、先進国においては、過去三五年間におこなわれた調査で示された民主主義への支持の程度はさまざまに異なるが、民主主義が崩壊した国は存在しない。政党、議会、政府への信頼を表明する人がほとんどいない場合や、民主主義こそが最良の政府システムであるという信念が一般の人のあいだで低下する場合、あるいは、強い指導者や専門家による統治への憧れが高まる場合には、気がかりかもしれない。しかし、このような質問に対する回答が民主主義の崩壊を予測する能力はゼロである。

民主主義が後退しないでいられるかどうかという問題に答えるのは、より難しい。これに関しては、アメリカ、ハンガリー、ポーランドなどの急進的な右派が政権を握っている国と、右派が政権を握っておらず、また政権を握る可能性も低い国に分けて考える必要があるだろう。アメリカにおいて危険なのは、次のような可能性である。現職による、敵対的なメディアへの威嚇、プロパガンダ・マシンの形成、治安機関の政治化、政敵への嫌がらせ、政府に協力的な民間企業への国権を利用した優遇、法律の選択的執行、恐怖心を煽るための外国との対立の扇動、選挙の不正操作。このようなシナリオは、前代未聞ではない。一九一七年から二〇年にかけての「赤狩り」、第二次世界大戦中の日本人の抑留、マッカーシー時代、ニクソン大統領時代など、アメリカは定期的に政治的抑圧をおこなってきた長い歴史を持つ。これらすべての事例において、最高裁は市民的・政治的な権利の侵害への対応が遅れた。それでも民主党は一九二〇年の大統領選挙で敗れ、ジョセフ・マッカーシー上院議員は上院から譴責処分を受け、リチャード・ニクソンは辞任に追い込まれた。逆に、急進的な右派が政権に就きそうにない国では、政府が極端なナショナリストや人種差別主義者の要求に対応しすぎて、現状に非常に不満を持つ人びとの経済状況を改善することなく、市民的自由を制限してしまう可能性のほうが危険である。

したがって、私たちは絶望的になるべきでないが、楽観的になるべきでもない。何か深いレベルでの変化が起こっている。多くの民主主義国の現状に対するおそらくもっとも良い見立ては、「弱い政党の激しい党派性」だ(9)。政党が対立構造を整理し、政治的行動を選挙で表出することに成功しているときのみ、民主的な選挙は紛争を平和裡に処理できる。代議制で紛争を処理できるのは、誰もがこの制度に参加する権利を持っている場合、政党が紛争構造の調整をしている場合、政党が支持者を統制できている場合、政党が代議制を通じて自分たちの利益を追求するインセンティブを持っている場合である。歴史が教えてくれるのは、対立が街頭デモに波及した場合、たとえそれが政府の権威主義的傾向への反対であったとしても、治安維持目的の権威主義的措置への国民の支持が高まる傾向があるということだ。したがって、対立の場が制度外に移行してしまうと、紛争はエスカレートする傾向にある。さらに、反対派が団結して規律を守らない限り、政治的に逆効果となる暴力行為をおこなうグループが現れ、抑圧のさらなる根拠を政府に与えるだけとなる。代議制の枠組みの外で紛争が発生する場合、政府の選択肢は二つしかない。反対派を抑圧しつつ政策を実施するか、反対派をなだめるために政策を放棄するかだ。どちらの選択も魅力的ではない。秩序の崩壊と抑圧のスパイラルは民主主義を弱体化させるが、その一方で、街頭で抗議する人びとへのたび重なる譲歩は、安定した政策実施を不可能にさせる。

トランプ政権も、ブレグジットも、大陸ヨーロッパで選出される政府も、大部分の人びとの日常生活を改善しない一方で、「反エリート」や「反システム」の感情を強めるだけになるのではないか、と私は恐れている。継続的に選挙に参加し、政府が交代しても、自分たちの生活が変わっていないことに気づけば、「システム」や「エリートたち」に何か問題があると感じるのはごく当然のことだ。極端な例ではあるが、イタリアでは六四年の間に六三の政権が誕生したにもかかわらず、汚職が新聞の見出しから消えたことはない。私の言う「当然」とは、必ずしも「合理的」という意味ではない。たしかに、ときには政治家は無能で腐敗していることもあるが、ほとんどの場合、最善を望んでいたとしても、政府は大したことができない状況にあるか、何をすべきかわかっていない。

結局のところ、現在の危機は当分のあいだくすぶることになりそうだ。政治的分極化の進展、紛争の激化、ときおり起こる国家と反体制側のあいだでの暴力のスパイラルを除けば、多くのことは変わらないだろう。私がこの本を書きはじめた時点では、つまりブレグジット、ドナルド・トランプの当選、イタリア国民投票の失敗よりも前の時点では、このような憶測でこの本を終えることになるとは予想していなかったと認めなければならない。民主主義が崩壊する過程についてはまだ限られた理解しかなく、後退する過程についてはいっそうわからないことが多い。私たちが今後学ぶ教訓がどこまで苦いものになるかは、まだわからない。つまるところ、誰が勝ったのか、誰が選挙に勝つだろうかということは、それほど重要ではない。重要なのは、激しく分断された社会においてさえも、選挙が紛争を平和裡に処理できるかどうかである。

訳者あとがき

本書は、Adam Przeworski, *Why Bother with Election?*（Polity Press, 2018）の全訳である。原著はこれまでに、イタリア語とポルトガル語に翻訳されている。

著者アダム・プシェヴォスキは、一九四〇年にポーランドで生まれた比較政治学者である。ワルシャワ大学を卒業後、一九六〇年代にアメリカへ留学して以来、主にアメリカの大学を拠点に活躍している。博士号をノースウェスタン大学で取得した後は、ワシントン大学、シカゴ大学などで教鞭をとり、現在はニューヨーク大学教授である。

この翻訳書の出版時点で八一歳である著者は、その長い研究者としてのキャリアのなかで、数々の重要な著作を民主主義、民主化、選挙政治、政治経済学などのテーマで発表している。それらは数々の賞の対象となってきたが、なかでも、彼の指導学生らとの共著で二〇〇〇年に出版した *Democracy and Development: Political Institutions and Well-Being in the World, 1950–1990*（Cambridge University Press）は、政治学におけるノーベル賞とされるヨハン・スクデ賞をしている。同書を含め、プシェヴォスキの著者のほとんどは研究者コミュニティに向けた専門性の高いものであるが、一般読者向けに書かれているものも本書を含め数冊存在する。これまで日本語訳されたものとしては、『サステナブル・デモクラシー』（内山秀夫訳、日本経済評論社、一九九九年）が、また最新のものとしては *Crisis of Democracy*（Cambridge University Press, 2019）がある。

本書の真骨頂は、選挙に関する歴史、思想、理論、国際比較についての重要な研究蓄積を縦横無尽に参照しつつ、「プシェヴォスキ節」とも言える歯に衣着せぬ鋭利な分析を展開している点にあるだろう。選挙の歴史や役割を概観する第Ⅰ部では、政権交代をともなう国政レベルの選挙が実施されるようになるのはここ数百年のことで、人類史的にみると短い歴史しかないこと、普通選挙権導入は、大衆の選ぶ政府が財産を没収するのではないかという富裕層の根強い反対を乗り越えて実現したものの、蓋を開けてみればほとんどそのようなことは起こらなかったこと、そして、与党現職は政権の座を維持するためにさまざまな手段を講じてきたことなどが、ファクトをともなって指摘されている。

そして第Ⅱ部では、選挙が競合的である場合、つまり、政権交代の可能性をもつ程度に競合的な政治がおこなわれている場合、選挙はどのような効果を持つのかについて、政策選択、官僚機構のコントロール、経済成長、社会・経済的格差、紛争処理、といった側面に焦点を当てて分析している。ここでの主張をあえて一言でまとめるとすれば、選挙は社会や経済の抜本的改革はできないながらも、紛争を平和裡に解決することはできる、ということになる。著者の比喩を再掲すれば、選挙とは「紙でできた石つぶて」なのである。

本書は選挙についての本ではあるが、同時に、民主主義論としても多くの示唆を与えてくれる。その一例には、演繹理論志向の政治学者や経済学者が提示した有名な民主化モデルに対する反論がある。主流派の演繹的な民主化モデルでは、大衆の政治参加（民主化）により所得の再分配が進むという仮定のもとに理論が組み立てられてきた（たとえば、D. Acemoglu & J. A. Robinson, *Economic Origins of Dictatorship and Democracy*, Cambridge University Press, 2006）。本書では、その仮定自体が現実には観察されていないこと、さらには、なぜ観察されないのかが考察されている。このような内容を含む本書は、選挙に興味を持っている人だけでなく、政治および政治学に関わる人すべてにとって読み応えのある本となっている。

この翻訳企画は、フリーの編集者である勝康裕さんの発案による。世界各地においてだけでなく日本でも「民主主義の後退」と言える状況が起こっている昨今、本書のような選挙の本質を喝破した書を日本の一般読者に届けることは重要かつ時宜にかなっていると訳者一同も賛同し、翻訳をお引き受けした次第である。訳出にあたっては一部で意訳をしているが、大多数の読者にとってはこのほうが理解しやすいであろうとの訳者の判断によるものである。なお、原著では図の解像度が低かったため、早稲田大学基幹理工学研究科の清水盛偉さんに元データを用いて図を作成し直していただき、著者に確認をとったうえで掲載している（ただし、著者から元データが入手できなかった図3－7は除く）。

原著者には「日本語版によせて」の寄稿を快諾していただいただけでなく、訳出や作図に関する質問に的確に答えていただいた。編集と出版にあたっては、勝康裕さんと白水社の竹園公一朗さんの惜しみないご助力を賜った。本書の出版にあたりお世話になった方すべてに感謝したい。

二〇二一年八月

訳者一同

*

人名・事項索引

図タイトル一覧

推薦図書

Dahl, Robert A., *Polyarchy: Participation and Opposition*（New Haven: Yale University Press, 1971）〔R・A・ダール／高畠通敏・前田脩訳『ポリアーキー』岩波文庫，2014 年〕.

Downs, Anthony, *An Economic Theory of Democracy*（New York: Harper and Row, 1957）〔A・ダウンズ／古田精司監訳『民主主義の経済理論』成文堂，1980 年〕.

Dunn, John, *Democracy: A History*（New York: Atlantic Monthly Press, 2005）.

The Federalist Papers by Alexander Hamilton, James Madison and John Jay（edited by Gary Wills, New York: Bantam Books, [1788]）〔A・ハミルトン，J・ジェイ，J・マディソン著／斎藤眞・中野勝郎訳『ザ・フェデラリスト』岩波文庫，1999 年〕.

Kelsen, Hans, *The Essence and the Value of Democracy*（edited by Nadia Urbinati and Carlo Invernizzi Accetti; translated by Brian Graf, Lanham: Rowman & Littlefield, 2013 [1929]）〔H・ケルゼン／長尾龍一・植田俊太郎訳『民主主義の本質と価値：他一篇』岩波文庫，2015 年〕.

Manin, Bernard, *The Principles of Representative Government*（Cambridge: Cambridge University Press, 1997）.

Morgan, Edmund S., *Inventing the People: The Rise of Popular Sovereignty in England and America*（New York: W.W. Norton, 1988）.

Przeworski, Adam, *Democracy and the Limits of Self-Government*（New York: Cambridge University Press, 2010）.

Schumpeter, Joseph A., *Capitalism, Socialism, and Democracy*（New York: Harper & Brothers, 1942）〔J・A・シュムペーター／中山伊知郎・東畑精一訳『資本主義・社会主義・民主主義』第 3 版，上中下，東洋経済新報社，1990–1991 年〕.

原　注

日本語版によせて

（1）Adam Przeworski, *Crises of Democracy*（Cambridge: Cambridge University Press, 2019）.

第1章　序　　論

（1）Roberto Stefan Foa, and Yascha Mounk, "The Democratic Disconnect," *Journal of Democracy* 27/6（2016）: 5–17.

（2）<https://www.youtube.com/watch?v=vST61W4bGm8>.

（3）Joseph A. Schumpeter, *Capitalism, Socialism, and Democracy*（New York: Harper & Brothers, 1942）〔J・A・シュムペーター／中山伊知郎・東畑精一訳『資本主義・社会主義・民主主義』第3版，上中下，東洋経済新報社，1990–1991年〕.

（4）Robin Harding, "Freedom to Choose and Democracy: The Empirical Question," *Economics and Philosophy* 27（2011）: 221–45.

（5）「競合的な」選挙の意味をテクニカルに説明すると，次のようになる。ある候補者または政党が v^* の割合の票を得た場合に勝利するという選挙ルールがあると仮定しよう。ここで，v^I の割合の有権者は現職に，v^O の割合の有権者は対立候補（または野党）に投票することは確実である一方で，残りの有権者の投票先は不明であるとしよう。このとき，現職が選挙に勝つ確率は，以下の式で表せる。

$$\mathrm{p} = \frac{v^* - v^O}{1 - v^I - v^O}$$

ここで，$v^* = 0.5$，$v^I = 0.45$，および $v^O = 0.40$ であるなら，$p = 2/3$ となる。この確率が0.5に近くなるほど，選挙はより競合的といえる。ここで，ある政党が $v^* + 1$ の票を得ることが確実であれば，

勝利の確率は 1 となるので，勝利確率と得票割合の差とは異なることに留意されたい。選挙が競合的であるとは，事前に選挙結果が不確かである場合を意味し，事後に得票割合の差が小さい場合を指しているわけではない。

第 2 章　政府を選ぶということ

（1）Jean-Jacques Rousseau, *Du contrat social*（edited by Robert Derathe, Paris: Gallimard, 1964［1762］), p. 182〔J. = J・ルソー／作田啓一訳『社会契約論』白水社，2010 年〕.

（2）Gordon S. Wood, *The Creation of the American Republic, 1776–1787*（New York: W.W. Norton, 1969), p. 96.

（3）Carl Schmitt, *Théorie de la constitition*（traduit de l'allemand par Lilyane Deroche, Paris: Presses universitaires de France, 1993［1928］), p. 372〔原著で引用されている箇所を含むドイツ語版からの翻訳は，C・シュミット／阿部照哉・村上義弘訳『憲法論』みすず書房，1974 年〕.

（4）ロシア人ジャーナリスト，ミハイル・レオンティエフ，ポーランド誌『Dziennik』2008 年 1 月 19 日付でのインタビュー。

（5）Emmanuel-Joseph Sieyès, *Qu'est-ce que le tiers état?*（edited by Roberto Zapperi, Geneva: Droz, 1970［1789］)〔E. = J・シィエス／稲本洋之助ほか訳『第三身分とは何か』岩波文庫，2011 年〕. シェイエスの引用は，Pasquale Pasquino, *Sieyès et l'invention de la constitution en France*（Paris: Éditions Odile Jacob, 1998), p. 92 より。

（6）Madison, *Federalist* #57: *The Federalist Papers by Alexander Hamilton, James Madison and John Jay*（edited by Gary Wills, New York: Bantam Books,［1788］)〔A・ハミルトン，J・ジェイ，J・マディソン著／斎藤眞・中野勝郎訳『ザ・フェデラリスト』岩波文庫，1999 年〕.

（7）Edmund S. Morgan, *Inventing the People: The Rise of Popular Sovereignty in England and America*（New York: W.W. Norton, 1988), p. 82.

（8）Hanna F. Pitkin, *The Concept of Representation*（Berkeley: University of California Press, 1967), p. 150 より引用〔H・ピトキン／早川誠訳『代表の概念』名古屋大学出版会，2017 年〕。

（9）リチャード・ヘンリー・リーの引用は，Francisco Herreros, "Screening before Sanctioning. Elections and the Republican Traditions," Working paper 05–04, Madrid: Unidad de Politicas Comparadas

(CSIC), 2005, p. 18 より。

(10) Madison or Hamilton, *Federalist* #52.

(11) Edmund Burke, "Speech to the Electors of Bristol," 1774, available at: <http://oll.libertyfund.org>〔E・バーク／中野好之訳「ブリストル到着ならびに投票終了に際しての演説：1774 年 10 月 13 日および 11 月 3 日」『エドマンド・バーク著作集 2　アメリカ論：ブリストル演説』みすず書房，1973 年，77–94 頁所収〕.

(12) Norberto Bobbio, *The Future of Democracy: A Defence of the Rules of the Game* (translated by Roger Griffin; edited and introduced by Richard Bellamy, Minneapolis: University of Minnesota Press, 1987), p. 157.

(13) 本段落での引用はすべて，Morgan, *Inventing the People*, pp. 13–14 より。

(14) Jean Jaurès, *L'esprit du socialisme: Six études et discours* (Paris: Denoël, 1971), p. 71〔J・ジョレス／木下半治訳『社会主義論集』弘文堂書房，1927 年〕.

(15) Eduard Bernstein, *Evolutionary Socialism: A Criticism and Affirmation* (New York: Schocken, 1961)〔E・ベルンシュタイン／佐瀬昌盛訳『社会主義の諸前提と社会民主主義の任務』ダイヤモンド社，1974 年〕.

第 3 章　所有権の保護

(1) Andrew Sharp, *The English Levellers* (Cambridge: Cambridge University Press, 1998), pp. 113–14 より引用。

(2) R. R. Palmer, *The Age of the Democratic Revolution: vol. II. The Struggle* (Princeton: Princeton University Press, 1964), p. 230 より引用。

(3) Madison, *Federalist* #10: *The Federalist Papers by Alexander Hamilton, James Madison and John Jay* (edited by Gary Wills, New York: Bantam Books, [1788]).

(4) Stefan Collini, Donald Winch, and John Burrow, *That Noble Science of Politics: A Study in Nineteenth-Century Intellectual History* (Cambridge: Cambridge University Press, 1983), p. 98〔S・コリーニ，D・ウィンチ，J・バロウ著／永井義雄・坂本達哉・井上義朗訳『かの高貴なる政治の科学——19 世紀知性史研究』ミネルヴァ書房，2005 年〕.

(5) Ibid., p. 107.

(6) Thomas B. Macaulay, *Complete Writings*, vol. 17 (Boston and New York: Houghton-Mifflin, 1900), p. 263.

(7) Bernard Manin, *The Principles of Representative Government* (Cambridge: Cambridge University Press, 1997).

(8) Madison, *Federalist* #10.

(9) Manin, *The Principles of Representative Government*, p. 94.

(10) Ronald Dworkin, *Freedom's Law: The Moral Reading of the American Constitution* (Cambridge, MA: Harvard University Press, 1996). p. 27〔R・ドゥオーキン／石山文彦訳『自由の法——米国憲法の道徳的解釈』木鐸社，1999 年〕.

(11) Manin, *The Principles of Representative Government*, p. 149.

(12) Charles de Montesquieu, *De l'esprit des lois* (Paris: Gallimard, 1995 [1748]), p. 155〔C・ド・モンテスキュー／野田良之ほか訳『法の精神』上中下，岩波文庫，1987–1988 年〕.

(13) Malcolm Crook, *Elections in the French Revolution: An Apprenticeship in Democracy, 1789–1799* (Cambridge: Cambridge University Press, 1996), p. 13.

(14) Montesquieu, *De l'esprit des lois*, p. 155.

(15) <www.NationMaster.com> (2005).

(16) Joseph A. Schumpeter, *Capitalism, Socialism, and Democracy* (New York: Harper & Brothers, 1942), pp. 272–3.

(17) Anna Harvey, "The Economic Origins of Entrenched Judicial Review," *Studies in American Political Development* 29 (2015): 1–22.

(18) Tom Ginsburg, and Mila Versteeg, "The Global Spread of Constitutional Review: An Empirical Analysis," Working paper, University of Chicago Law School, 2012.

第 4 章　与党にとどまるための攻防

(1) Richard Hofstadter, *The Idea of a Party System: The Rise of Legitimate Opposition in the United States, 1780–1840* (Berkeley: University of California Press, 1969), p. 9.

(2) Madison, *Federalist* #63: *The Federalist Papers by Alexander Hamilton, James Madison and John Jay* (edited by Gary Wills, New York: Bantam Books, [1788]).

(3) Joseph A. Schumpeter, *Capitalism, Socialism, and Democracy* (New

York: Harper & Brothers, 1942), p. 295.

(4) Walter Lippmann, *The Public Philosophy* (New York: Mentor Books, 1955), p. 73〔W・リップマン／矢部貞治訳『公共の哲学』時事通信社，1957 年〕.

(5) Hofstadter, *The Idea of a Party System*, p. 7.

(6) Simon Collier, and William F. Sater, *A History of Chile, 1808–1994* (Cambridge: Cambridge University Press, 1996), p. 58.

(7) Gene M. Grossman, and Elhanan Helpman, *Special Interest Politics* (Cambridge, MA: MIT Press, 2001).

(8) Ibid., p. 339.

(9) Anna Harvey, "*Buckley* v. *Valeo*, Republican Electoral Success, and Republican Polarization, 1972–1981," Working paper, Department of Politics, New York University, 2016.

(10) Andrea Prat, "An Economic Analysis of Campaign Financing," Working paper, Columbia University, 1999, available at: <www.columbia.edu/~ap3116/papers/WorldEconomics2.doc>.

(11) Eduardo Posada-Carbó, "Electoral Juggling: A Comparative History of the Corruption of Suffrage in Latin America, 1830–1930," *Journal of Latin American Studies* 32 (2000): 611–44, at p. 634.

第 6 章　第Ⅱ部への序論

(1) Colin Bird, "The Possibility of Self-Government," *American Political Science Review* 94 (2000): 563–77, at p. 567.

(2) Robert A. Dahl, *Polyarchy: Participation and Opposition* (New Haven: Yale University Press, 1971)〔R・A・ダール／高畠通敏・前田脩訳『ポリアーキー』岩波文庫，2014 年〕.

第 7 章　合 理 性

(1) Eerik Lagerspetz, "Wisdom and Numbers," *Social Science Information* 49 (2010): 29–60, at p. 30.

(2) 1994 年 10 月 3 日付『ニューヨーク・タイムズ』紙でのインタビュー。

(3) TVN, November 19, 2016.

(4) Duncan Black, *The Theory of Committees and Elections* (Cambridge: Cambridge University Press, 1958), p. 163.

(5) Douglas W. Rae, "Decision Rules and Individual Values in Constitutional Choice," *American Political Science Review* 63 (1969): 40–56.

(6) Kenneth J. Arrow, *Social Choice and Individual Values* (New Haven: Yale University Press, 1951)〔K・J・アロー／長名寛明訳『社会的選択と個人的評価』勁草書房，2013 年〕.

(7) Georg Simmel, *The Sociology of Georg Simmel* (translated, edited, and with an introduction by Kurt H. Wolff, New York: Free Press, 1950 [1908]), p. 241〔原著で引用されている箇所を含むドイツ語版からの翻訳は，G・ジンメル／居安正訳『社会学——社会化の諸形式についての研究』上下，白水社，1994 年〕.

第 8 章　代表，アカウンタビリティ，政府のコントロール

(1) Robert A. Dahl, *Polyarchy: Participation and Opposition* (New Haven: Yale University Press, 1971), p. 1.

(2) William H. Riker, *Liberalism Against Populism: A Confrontation between the Theory of Democracy and the Theory of Social Choice* (San Francisco: Freeman, 1982), p. 31〔W・H・ライカー／森脇俊雅訳『民主的決定の政治学——リベラリズムとポピュリズム』芦書房，1991 年〕.

(3) Philippe Schmitter, and Terry Lynn Karl, "What Democracy is . . . and What it is Not," *Journal of Democracy* 2 (1991): 75–88, at p. 76.

(4) Maddison, *Federalist* #57: *The Federalist Papers by Alexander Hamilton, James Madison and John Jay* (edited by Gary Wills, New York: Bantam Books, [1788]).

(5) Hamilton, *Federalist* #72.

第 9 章　経済パフォーマンス

(1) Raj Chetty et al., "The Fading American Dream: Trends in Absolute Income Mobility Since 1940," Working Paper 22910 (2016), available at: <http://www.nber.org/papers/w22910>.

第 10 章　経済的・社会的な平等

(1) Robert A. Dahl, and Charles E. Lindblom, *Politics, Economics, and Welfare* (New York: Harper & Brothers, 1953), p. 41〔R・A・ダール，C・E・リンドブロム著／磯部浩一訳『政治・経済・厚生』東洋経

済新報社，1961年〕.

（2） Karl Marx, *On the Jewish Question*, 1844, available at: <http://csf.colorado.edu/psn/marx/Archive/1844-JQ>〔K・マルクス「ユダヤ人問題によせて」ドイツ社会主義統一党中央委員会付属マルクス＝レーニン主義研究所編集／大内兵衛・細川嘉六監訳『マルクス＝エンゲルス全集』第1巻，大月書店，1959年，384–414頁，引用は391–392頁〕.

（3） Martin Gilens, *Affluence and Influence: Economic Inequality and Political Power in America* (Princeton: Princeton University Press, 2012), p. 4.

第11章　平和的な紛争処理

（1） Hans Kelsen, *The Essence and the Value of Democracy* (edited by Nadia Urbinati and Carlo Invernizzi Accetti; translated by Brian Graf, Lanham: Rowman & Littlefield, 2013 [1929]), p. 21〔原著で引用されている箇所を含むドイツ語版からの翻訳は，H・ケルゼン／長尾龍一・植田俊太郎訳『民主主義の本質と価値：他一篇』岩波文庫，2015年〕.

第12章　結　　論

（1） Norberto Bobbio, *The Future of Democracy: A Defence of the Rules of the Game* (translated by Roger Griffin; edited and introduced by Richard Bellamy, Minneapolis: University of Minnesota Press, 1987), p. 156.

（2） Joseph A. Schumpeter, *Capitalism, Socialism, and Democracy*, New York: Harper & Brothers, 1942.

（3） Madison or Hamilton, *Federalist* #51: *The Federalist Papers by Alexander Hamilton, James Madison and John Jay* (edited by Gary Wills, New York: Bantam Books, [1788]).

（4） Avinash Dixit, Gene M. Grossman, and Faruk Gul, “The Dynamics of Political Compromise,” *Journal of Political Economy* 108 (2000): 531–68.

（5） Anthony McGann, *The Logic of Democracy: Reconciling Equality, Deliberation, and Minority Protection* (Ann Arbor: University of Michigan Press, 2006).

（6） Robert A. Dahl, *Polyarchy: Participation and Opposition* (New Haven:

Yale University Press, 1971).

(7) ここでの数値はすべて，1996年の米ドルでみた購買力平価である。

(8) Adam Przeworski, "Acquiring the Habit of Changing Governments through Elections," *Comparative Political Studies* 48 (2015): 1–29.

(9) この指摘は，2016年11月3日 <www.vox.com> のジュリア・アザリのブログ「弱い政党と強い党派性は相性が悪い」による。

訳　注

〔1〕得票では過半数を得ていない政党または政党連立が，議席の上では過半数を得ている状況。

〔2〕「政治献金の上限規制は言論の自由の侵害である」という意味で使用される，アメリカ英語での慣用句。献金規制を憲法違反とした1976年の *Buckley* v. *Valeo* および2010年の *Citizens United* v. *F.E.C.* がこれに関連する判決として有名である。

〔3〕予測されていることが起こるとき，という慣用句。

〔4〕同名のイギリス童謡に登場する，非常によく似ている2人の人物のこと。

〔5〕紀元前1世紀ローマの哲学者キケロが確立したとされる政治共同体の理念形態で，公共善を統治の原理とする政体のこと。

〔6〕「アカウンタビリティを負う」とは，有権者が政治家に対して制裁（再選や再選阻止）を課すことができる制度構造になっていることを意味する。

〔7〕アメリカを指す。2000年の大統領選挙では，一般有権者投票では民主党候補のアル・ゴアの得票が共和党候補のジョージ・W・ブッシュよりも多かったが，選挙人投票でより多くの票を得たブッシュが大統領に就任した。この背景には，当初の開票結果が接戦であったフロリダ州における再集計の提訴をゴア陣営がおこなった際に最高裁が差し止めたことが，ブッシュの勝利につながったという経緯がある。この際の最高裁判事のなかにジョージ・W・ブッシュの父であるジョージ・H・W・ブッシュ大統領が任命した判事が含まれていたことを揶揄している。

*

著訳者紹介

著　者

アダム・プシェヴォスキ（Adam Przeworski）
1940年生まれ。ポーランド出身の政治学者。専門は，政治経済学，政治体制論，民主化研究。ワルシャワ大学卒業，1966年にノースウェスタン大学で博士号取得。ポーランド科学アカデミー研究員，ワシントン大学准教授，シカゴ大学教授を経て，現在，ニューヨーク大学政治学部教授。1991年にアメリカ芸術科学アカデミーの会員に選ばれ，2010年には「ヨハン・スクデ政治学賞」を受賞。主な著書に，*Capitalism and Social Democracy*（1985），*Democracy and the Market: Political and Economic Reforms in Eastern Europe and Latin America*（1991），*Democracy and Development: Political Institutions and Well-Being in the World, 1950–1990*（with Michael E. Alvarez, Jose Antonio Cheibub, Fernando Limongi, 2000, 出版社はいずれも Cambridge University Press）などがある。

訳　者

粕谷 祐子（かすや ゆうこ）
1968年生まれ。1991年，慶應義塾大学法学部政治学科卒業，1996年，東京大学法学政治学研究科博士課程単位取得退学，2005年，カリフォルニア大学サンディエゴ校で博士号取得。現在，慶應義塾大学法学部政治学科教授。専門は比較政治学，政治体制変動論，政治制度論，東南アジア政治。主な著作に『比較政治学』（ミネルヴァ書房，2014年），*Presidential Bandwagon: Parties and Party Systems in the Philippines*（Keio University Press, 2008），翻訳書にA・レイプハルト『民主主義 対 民主主義——多数決型とコンセンサス型の36カ国比較研究』（菊池啓一と共訳，勁草書房，2014年）などがある。

山田 安珠（やまだ あんじゅ）
1993年生まれ。2016年，慶應義塾大学法学部政治学科卒業，2018年，東京大学公共政策大学院公共管理コース卒業，公共政策修士（専門職）取得。現在，東京大学大学院総合文化研究科国際社会科学専攻相関社会科学コース博士課程およびエバーハルト・カール大学テュービンゲン経済・社会科学部政治学科博士課程在学中。研究の関心は福祉国家と家族政策の変化，公共政策の比較分析，地方自治。

それでも選挙に行く理由

二〇二二年九月五日　印刷
二〇二二年九月二五日　発行

著　者　アダム・プシェヴォスキ
訳　者 ©　粕谷祐子
　　　　　山田安珠
編　集　勝　康裕
装　幀　コバヤシタケシ
発行者　及川直志
印刷所　株式会社　理想社
発行所　株式会社　白水社

東京都千代田区神田小川町三の二四
電話　営業部〇三（三二九一）七八一一
　　　編集部〇三（三二九一）七八二一
振替　〇〇一九〇‐五‐三三二二八
郵便番号　一〇一‐〇〇五二
www.hakusuisha.co.jp

乱丁・落丁本は、送料小社負担にてお取り替えいたします。

誠製本株式会社

ISBN978-4-560-09863-9
Printed in Japan

ポピュリズム　デモクラシーの友と敵

カス・ミュデ、クリストバル・ロビラ・カルトワッセル
永井大輔、髙山裕二 訳

移民排斥運動からラディカルデモクラシーまで、現代デモクラシーの基本条件としてポピュリズムを分析した記念碑的著作。

福祉国家　救貧法の時代からポスト工業社会へ

デイヴィッド・ガーランド　小田透 訳

エスピン＝アンデルセン激賞！「他に類を見ない重量級の小著であり、福祉国家に関心を持つすべての人にとっての決定的入門書」

民主主義の壊れ方

クーデタ・大惨事・テクノロジー　デイヴィッド・ランシマン
若林茂樹 訳

デモクラシーの終焉はいかに起こる？　ケンブリッジ大教授がクーデタ・大惨事・テクノロジーという観点からリアルな姿を見詰め直す。

権威主義

独裁政治の歴史と変貌　エリカ・フランツ
上谷直克、今井宏平、中井遼 訳

デモクラシーの後退とともに隆盛する権威主義――その〈誘惑〉にいかにして備えればいいのか？　不可解な隣人の素顔がここに！

権威主義の誘惑

民主政治の黄昏　アン・アプルボーム
三浦元博 訳

民主政治の衰退と権威主義の台頭を米国と欧州の現場で見つめた報告。ピュリツァー賞受賞の歴史家が危機の根源を問う警鐘の書。